本书由"北京市高校西葡语专业群"资助

CHISTES EN ESPAÑOL
HISTORIA DE TOBÍAS

2

〔西〕 Lucía Luque Nadal
Juan de Dios Luque Durán　著
贾永生
冯豫韬　绘

商务印书馆
创于1897
The Commercial Press

图书在版编目(CIP)数据

笑爆西班牙语. 托叔故事集. 2/(西)露西亚·鲁格·纳达尔,(西)胡安·德·迪奥斯·卢克·杜兰,贾永生著;冯豫韬绘. —北京:商务印书馆,2022
ISBN 978 - 7 - 100 - 20736 - 2

Ⅰ.①笑… Ⅱ.①露… ②胡… ③贾… ④冯… Ⅲ.①西班牙语—汉语—对照读物②故事—作品集—西班牙—现代 Ⅳ.①H349.4;I

中国版本图书馆 CIP 数据核字(2022)第 026759 号

本书由"北京市高校西葡语专业群"资助

笑爆西班牙语　托叔故事集　2
CHISTES EN ESPAÑOL　HISTORIA DE TOBÍAS　2
〔西〕
Lucía Luque Nadal
Juan de Dios Luque Durán 著
贾永生
冯豫韬　绘

商 务 印 书 馆 出 版
(北京王府井大街 36 号　邮政编码 100710)
商 务 印 书 馆 发 行
北京市白帆印务有限公司印刷
ISBN 978 - 7 - 100 - 20736 - 2

2022 年 4 月第 1 版　　开本 787×1092　1/16
2022 年 4 月北京第 1 次印刷　印张 12¼
定价:49.00 元

序

　　《笑爆西班牙语 托叔故事集》（CHISTES EN ESPAÑOL　HISTORIA DE TOBÍAS）用西班牙语写成，一共有三册，每册收录 80 个故事，按照不同的语言水平，循序渐进。每个故事后面有生词和短语的解释，并配有阅读理解练习和讨论话题。词语的解释采用了西汉双语，目的是为了让学生们逐渐学会用西语解释概念，掌握西语的内在逻辑，明白使用原文词典的重要性。阅读理解练习可以检查对文本是否理解到位。讨论的话题切合文化实际，有助于学生深入思考，并进行口头和书面的表达。阅读理解与话题讨论环节可由教师组织，用来检验学生的理解程度、思想深度和语言表达能力。

　　初学外语，面对一个外语文本，当我们发现能读并且能读明白的时候，会欣喜若狂。这种神奇时刻如同小鸟初展羽翼，妙不可言。人们都喜欢听好故事，在这种好奇心驱使下，便会迫不及待地读完整篇故事。在这一过程中，学习者感到自由阅读的喜悦，动力满满，从而不断读下去。

　　"托叔故事集"系列大部分的故事都围绕着 Tobías 的世界展开，他是西班牙文学传统中流浪汉形象的继承者。他出身卑微，生活艰辛，年轻时不得不想尽办法谋生。他做过各种营生，有着丰富的人生阅历和处事经验。他坦然面对生活：逆境时不怨天尤人，顺境时懂得享受当下生活，从不杞人忧天。通过阅读这些故事，读者可以逐渐了解他性格的多面：一方面他性格和善，爱开玩笑；另一方面他又不合群，不够世故；有时智慧灵光，有时愚笨无知，有时淳朴，有时爱耍小聪明。他性格中最突出的便是天生的乐观精神，奉好死不如赖活着为信条。人生不易，要学会生存，顺其自然。要有耐心，切莫较真，生活永远不会糟糕到让人心灰意冷。

　　"托叔故事集"系列每一个故事都跟 Tobías 和他身边的人有关。他的亲戚，老婆孩子、村民、村长、医生、药剂师、老师、茶聚老友等。随着阅读的深入，Tobías 的生活和性格在读者脑中越来越清晰。故事内容聚焦于西班牙一系列社会和文化的方方面面：民族性格、生活方式、政治制度、体育、节庆、休闲娱乐、地理、艺术、职业等，让我们对此也有一个初步了解。因为对外语学习者来说，语言和文化联系紧密，缺一不可。

　　这套小书由国内外语言学家合力编写，旨在让西语学习者提高词汇量，完善语法，学习西语语言和文化的基本方面。故事的文本句法简洁，用词准确、地道，句子的节奏感很强，读起来朗朗上口，是用来背诵和提高表达能力的上佳范本。故事本身可读性、趣味性很强，读起来令人捧腹，爱不释手。书后附有故事译文，方便参考。

　　本套丛书部分故事配有录音，主要由中国人民大学的西班牙籍教师 Isabel de la Fuente 博士倾情录制，在此表示感谢。

编者

2021 年 2 月

ÍNDICE

ÍNDICE

ÍNDICE

目　录

ÍNDICE

目　录

Rogelio, un amigo y compañero de **tertulia** de Tobías, fue a visitarle una tarde a su casa. Lo encontró en el **patio trasero**, sentado en un cómodo sillón, leyendo un libro y fumando una pipa. Rogelio, al ver que Tobías estaba descansando sin que nadie le molestara, dijo:

-Tobías, no sé cómo lo haces. Siempre que vengo a verte te encuentro tranquilo y sin problemas. Sin embargo, mi casa siempre está llena de familiares míos o de mi mujer. Un día son mis tíos y sobrinos, que vienen a merendar sin que nadie los haya invitado; otro día son mis cuñadas y sus maridos, que deciden venir a estar toda la tarde con nosotros y quedarse a cenar. Mis **cuñados** se beben mi mejor vino y mis sobrinos juegan y corren por toda la casa **alborotando** y molestando. Yo, en mi casa, no puedo descansar ni un segundo y sin embargo, a ti no viene a verte ningún familiar.

-Bueno -dijo Tobías-, como todas las cosas en la vida, es cuestión de astucia: Cuando vienen a verme los parientes ricos, les cuento mis desgracias y les pido dinero prestado. Cuando vienen a verme los parientes pobres, les presto dinero. El resultado es que ni los unos ni los otros vuelven por aquí.

EXPRESIONES Y LÉXICO

tertulia: reunión de amigos que se juntan habitualmente en un café para conversar. 聚会、茶话会
patio trasero: patio situado en la parte de detrás de la casa. 后院
cuñado: hermano del marido o de la mujer. 小叔子；小舅子
alborotar: hacer ruido, molestar. 喧哗

ACTIVIDADES DE COMPRENSIÓN

¿Quién era Rogelio?

¿Dónde encontró Rogelio a Tobías?

¿Qué estaba haciendo Tobías allí?

¿En qué ambiente estaba Tobías?

¿Qué dijo Rogelio, lamentándose, a Tobías?

¿Cómo está siempre la casa de Rogelio?

¿Quiénes van a merendar a casa de Rogelio?

¿Qué hacen los cuñados de Rogelio?

¿Qué hacen los sobrinos de Rogelio?

¿Qué es lo que no puede hacer Rogelio en su casa?

¿Qué pasa, por el contrario, en la casa de Tobías?

¿Cuál era la astucia que utilizaba Tobías para que no viniera a verle ningún familiar?

TEMAS PARA DEBATE

◇ La hospitalidad.
◇ Las relaciones familiares.

2 El heladero de Villabajo

下庄的冰激凌店

Entre los habitantes de Villarriba, el pueblo de Tobías y los de Villabajo existía desde siempre una gran **enemistad**. Los dos pueblos estaban próximos y surgía **rivalidad** por cualquier motivo. Había rivalidad entre los equipos de fútbol, entre las **bandas** de música, entre las fiestas que organizaban unos y otros, etc. Ocurría, incluso, que en las fiestas de un pueblo no se permitía que los **mozos** del pueblo vecino bailaran con las chicas del lugar. En algunas discotecas de Villabajo no se dejaba entrar a los jóvenes de Villarriba, con el **pretexto** de que eran unos **alborotadores**. Y lo mismo ocurría en Villabajo.

Un día, Tobías fue de visita al pueblo vecino de Villabajo. Allí pasó por delante de una heladería que un vecino de Villarriba había abierto con un socio de Villabajo. Se quedó muy asombrado cuando vio que en la puerta había un cartel que decía: *Prohibida la entrada a toda persona de Villarriba.* Molesto, Tobías se decidió a entrar para **quejarse** a su conocido:

-Epifanio, mal está que te hayas venido a trabajar a un sitio que no es tu pueblo, pero que prohíbas entrar a tus **paisanos**, me parece imperdonable.

-Pero, ¡si yo aprecio mucho a mis paisanos y lo hago por su bien! ¿Has probado alguna vez nuestros helados?

EXPRESIONES Y LÉXICO

enemistad: odio entre dos o más personas. 敌意

rivalidad: competencia. 对头，冤家

banda: grupo o conjunto de músicos. 乐队

mozo: hombre joven. 年轻人

pretexto: excusa, motivo. 借口

alborotador: persona que molesta con gritos o ruidos. 喧闹的人

quejarse: expresar oposición, rechazo. 抱怨

paisano: persona del mismo pueblo, ciudad o país. 同乡；同胞

ACTIVIDADES DE COMPRENSIÓN

¿Qué existía entre los habitantes de Villarriba y los de Villabajo?

¿Por qué había rivalidad entre los dos pueblos?

¿En qué se notaba?

¿A dónde fue Tobías?

¿Por dónde pasó?

¿Por qué se quedó sorprendido?

¿Qué ponía en el cartel?

¿Qué hizo Tobías después de leerlo?

¿Qué le dijo a su vecino?

¿Qué le contestó el conocido a Tobías?

TEMAS PARA DEBATE

◇ Los nacionalismos. La xenofobia. La intolerancia.

El padre de Tobías era un hombre pobre, que había luchado toda la vida para mejorar su **posición** económica. Trabajó durante muchos años y consiguió ahorrar el dinero suficiente para comprar una pequeña **tienda de ultramarinos**, de la que estaba muy orgulloso. Era ya muy anciano cuando se puso de repente muy enfermo. Todos en la familia se preocuparon porque temieron que a su edad la enfermedad fuera mortal.

El padre de Tobías **yacía** en su cama, en una habitación del piso superior de la casa. Toda la familia estaba reunida a su alrededor. El **moribundo** preguntó con voz débil:

-Encarna, mi querida esposa, ¿estás tú junto a mí?

-Sí, querido -contestó ella.

-Tobías, mi hijo mayor, mi sucesor, ¿estás aquí?

-Sí, padre, aquí estoy.

-Y tú, Asunción, hija mía, ¿estás aquí?

-Sí, papá, estoy aquí.

El anciano, **rojo de ira** y haciendo un esfuerzo, gritó:

-Y entonces, ¿**quién demonios** está abajo, cuidando de la tienda?

EXPRESIONES Y LÉXICO

posición: situación, nivel económico y social. 地位

tienda de ultramarinos: tienda en la que se venden alimentos. 进口商店

yacer: estar tumbado en una cama o en el suelo. 躺着

moribundo: hombre que se está muriendo. 垂死之人

rojo de ira: muy enfadado, con la cara roja. 气得脸发红

quién demonios: la palabra demonios refuerza la interrogación. （加强语气）谁

ACTIVIDADES DE COMPRENSIÓN

¿Cómo era el padre de Tobías?

¿Por qué había luchado el padre de Tobías toda la vida?

¿Qué consiguió ahorrar, tras años de trabajo?

¿Qué hizo con el dinero ahorrado?

¿Qué le pasó al padre de Tobías siendo ya muy anciano?

¿Por qué se preocuparon todos en la familia?

¿Dónde yacía el padre de Tobías?

¿Quiénes estaban reunidos a su alrededor?

¿Por quién preguntó en primer lugar el padre de Tobías?

¿Qué contestó Encarna?

¿Por quién preguntó el padre de Tobías por segunda y tercera vez?

¿Qué le pasó cuando se dio cuenta de que toda la familia estaba allí con él?

¿Qué preguntó, muy enfadado?

TEMAS PARA DEBATE

◇ La avaricia.

Dos familias del pueblo de Tobías se peleaban desde hacía tiempo por los derechos de unas tierras. Un día hubo una nueva pelea entre las dos familias y varias personas resultaron heridas. Tobías fue llamado como testigo, por un juez conocido por su severidad y su mal carácter. El juez, al comenzar el juicio, dijo:

-Quiero terminar este juicio rápidamente, así que no quiero **divagaciones**. Respondan a todo lo que se les pregunte con un simple *sí* o *no*.

Entonces, Tobías pidió permiso para hablar y dijo:

-Señor juez, es imposible contestar a todas las preguntas solo con *sí* o *no*.

-Escúcheme **atentamente**, señor testigo: Usted no solo puede, sino que debe contestarlas, o de lo contrario será **sancionado** por este tribunal.

-Señor juez -dijo Tobías-, ¿puedo hacerle una pregunta para demostrarle que no siempre se puede contestar con *sí* o *no*?

-No sé para qué va a servir; pero, en fin, sí, puede hacerla -. Contestó el juez.

-Señor juez, ¿**ha dejado** usted ya **de** pegar a su mujer cuando vuelve borracho a casa, sí o no?

EXPRESIONES Y LÉXICO

divagación: imprecisión, rodeo. 含混，绕弯子

atentamente: con mucha atención e interés. 专注

sancionado: multado, castigado. 制裁

dejar de: terminar, parar, no seguir con lo que se estaba haciendo. 停止（做）

ACTIVIDADES DE COMPRENSIÓN

¿Quiénes se peleaban en el pueblo de Tobías?

¿Por qué se peleaban las familias?

¿Qué hubo un día?

¿Qué pasó en la pelea?

¿A dónde fue llamado Tobías?

¿Cómo era el juez que le llamó?

¿Qué le exigió el juez a Tobías?

¿Qué le respondió Tobías?

¿Qué hizo Tobías finalmente para convencer al juez?

¿Qué pregunta le hizo?

TEMAS PARA DEBATE

◇ La tolerancia.

◇ La intransigencia.

5 La diferencia entre el policía y el asno

警察和驴子的区别

En los trenes, y generalmente durante los viajes largos, la gente que está sentada en el mismo **departamento**, suele mantener largas conversaciones para hacer más corto el viaje. Las personas hablan del tiempo, de la situación económica y política del país y, a veces, hacen comentarios humorísticos sobre los políticos y critican a las **autoridades**. Un día, durante un viaje de Sevilla a Madrid, unos pasajeros estaban charlando en el departamento. Uno de ellos preguntó **burlonamente** a los presentes:

-¿Saben ustedes cuál es la diferencia entre un policía y un asno?

-No, ¿cuál es? -preguntó interesado uno de los pasajeros.

En ese momento se abrió la puerta del departamento y apareció un policía. Se dirigió al pasajero gracioso y le dijo con tono **amenazador**:

-Yo estoy también interesado, ¿cuál es la diferencia?

-Ah..., ninguna -dijo el pasajero, muy nervioso y asustado.

-Bueno, así está mejor –respondió el policía.

EXPRESIONES Y LÉXICO

departamento: cada una de las partes en las que se divide un vagón de tren. 车厢

autoridades: personas que tienen poder en la sociedad, como los políticos, los jueces y los policías. 当局

burlonamente: riéndose de alguien, con ironía. 嘲弄地

amenazador: serio. 严肃的

ACTIVIDADES DE COMPRENSIÓN

¿Dónde mantiene la gente conversaciones?

¿Para qué mantiene la gente conversaciones en los trenes?

¿Sobre qué suelen hablar los pasajeros en el tren?

¿Hacia dónde se dirigía el tren en aquella ocasión?

¿Qué hacen los pasajeros, además de hablar?

¿Qué preguntó uno de los pasajeros a los demás?

¿Quién apareció de repente en el departamento?

¿A quién se dirigió el pasajero recién llegado?

¿Qué dijo el nuevo pasajero al que había hecho la pregunta?

¿Qué contestó el pasajero al recién llegado?

TEMAS PARA DEBATE

◇ Las conversaciones sobre política.

◇ Los viajes en tren.

◇ El sentido del humor y la ironía.

6 Estudiar lenguas no sirve para nada

学语言没什么用

El Palacio Real de Madrid fue construido en el siglo XVIII. Los reyes de España vivieron en él hasta el año 1931. Ahora son muchos los turistas que diariamente visitan el palacio, admirando sus jardines, sus salones, el museo de armas antiguas y otras muchas cosas.

Una mañana, en la plaza que está delante del Palacio Real, un hombre de mediana edad, con pantalones cortos y una gran cámara fotográfica, que se movía inquieto **apoyándose alternativamente** en una y otra pierna, se acercó a dos policías y preguntó en inglés:

-*Where are the toilets, please? Where is the restroom, bathroom...?*

Los policías **se encogieron de hombros**, mirando amablemente al turista. El extranjero repitió la pregunta en alemán, luego en francés y también en italiano. Los policías siguieron mirando atentamente al turista, pero **sin reaccionar**. Finalmente el turista salió corriendo en busca de alguien que le indicara dónde podía encontrar unos servicios. Uno de los dos policías le dijo entonces a su compañero:

-¿Te das cuenta? Es lo que yo he dicho siempre. Estudiar lenguas no sirve para nada.

EXPRESIONES Y LÉXICO

apoyarse: descansar sobre algo. 靠

alternativamente: una vez en cada pierna. 交替

encogerse de hombros: hacer un movimiento con los hombros para demostrar que no se sabe algo o que no se siente interés por ello. 耸肩

sin reaccionar: sin contestar, sin decir nada. 没有回应

ACTIVIDADES DE COMPRENSIÓN

¿Cuándo fue construido el Palacio Real de Madrid?

¿Quiénes vivieron en este palacio?

¿Qué visitan los turistas en él?

¿Dónde se encontraba el turista?

¿Qué estaba haciendo?

¿Qué les preguntó a los dos policías?

¿Cuál fue la respuesta de los policías al turista?

¿En qué idiomas repitió él la pregunta?

¿Qué hicieron entonces los policías?

¿Qué tuvo que hacer finalmente el turista?

¿Qué le dijo uno de los policías a su compañero?

TEMAS PARA DEBATE

◇ La utilidad de estudiar lenguas.

◇ Los problemas de idioma de los turistas.

7 Tobías y la casamentera

小托和媒婆

Tobías fue una vez a la **casamentera** de Villarriba para pedirle que le buscara una mujer. Esta debía cumplir varios **requisitos**: ser guapa, rica, educada y tener una casa grande.

La casamentera conocía demasiado bien a Tobías y sabía que era un **vago**, sin trabajo y sin dinero. Así que abrió su cuaderno con la información sobre las chicas casaderas del pueblo y dijo:

-Aquí tengo una mujer para ti: con una fortuna de dos millones de euros, una carrera universitaria, bellísima y perteneciente a una familia de gran **linaje**.

-¡Fantástico! Es exactamente la mujer que necesito -exclamó Tobías.

-Sí, pero tiene un defecto: De vez en cuando se vuelve un poco loca.

-¿Con qué frecuencia?

-Hombre, exactamente no lo sé. Quizás una o dos veces al año, pero esto es algo que no puede saberse exactamente cuándo ocurrirá.

-Tampoco es tan grave. A mí no me importa. ¿Cuándo me la puede presentar?

-**Ahí está la cuestión**, Tobías: Tenemos que esperar a que le **dé un ataque de locura**, para que quiera conocer a un tipo como tú.

EXPRESIONES Y LÉXICO

casamentera: mujer que se encarga de organizar bodas entre personas que no se conocen. 媒婆
requisito: condición necesaria para que algo se cumpla. 条件
vago: persona que no quiere trabajar. 懒散的
linaje: origen noble de una familia. 血统
ahí está la cuestión: ese es el problema. 关键
dar un ataque de locura: volverse loco de repente. 犯精神病

ACTIVIDADES DE COMPRENSIÓN

¿Para qué fue Tobías a ver a una casamentera?
¿Cómo era la mujer que Tobías deseaba?

¿Cómo era Tobías?

¿Qué hizo la casamentera?

¿Cómo era la mujer que le buscó la casamentera a Tobías?

¿Qué defecto tenía esa mujer?

¿Le importó a Tobías ese defecto?

¿Qué le dijo entonces Tobías a la casamentera?

¿Qué dijo la casamentera?

¿A qué tenían que esperar para presentar a Tobías a la mujer?

TEMAS PARA DEBATE

◇ Casamenteras, curanderos, sanadores… Viejos oficios y profesiones.

8 Se hablan todas las lenguas

此处讲各国语言

La moda del turismo había llegado a Villarriba, el pueblo de Tobías, donde había muchas cosas de interés para los turistas. Entre otros muchos monumentos, había unos baños romanos, un castillo medieval **derruido** y una iglesia del siglo XVII.

Tobías, que había tenido docenas de trabajos y ocupaciones, pensó que sería una buena idea abrir una tienda de ***souvenirs***. A los turistas les gusta comprar cosas típicas del país. En la tienda de Tobías se podía comprar multitud de cosas diferentes: abanicos, ceniceros, camisetas, gorras, sombreros, botellas de vino, castañuelas, cajas de dulces, muñecas vestidas con trajes típicos españoles, figurillas de cerámica y otros muchos recuerdos.

Un día, Baldomero, un vecino de Villarriba, pasó por delante de la tienda de Tobías y vio que entraban muchos turistas a comprar recuerdos. Sintió envidia por no haber tenido él la idea de poner una tienda de *souvenirs*. Mientras miraba a los turistas, se fijó en un cartel que había en la tienda, en el que ponía:

> EN ESTE **LOCAL** SE HABLAN TODAS LAS LENGUAS

Asombrado, entró en el **establecimiento** y preguntó a Tobías:

-¿Es verdad que hablas todas las lenguas?

-Yo no, hombre: los clientes, los clientes. Los que aquí vienen son gente de todas las partes del mundo y yo no prohíbo a nadie que hable como quiera.

EXPRESIONES Y LÉXICO

derruido: destruido, derrumbado, en ruinas. 废弃的

souvenirs: recuerdos que los turistas compran en los países que visitan. 纪念品

local: tienda, establecimiento en el que se vende algo. 商店

establecimiento: tienda. 商店

ACTIVIDADES DE COMPRENSIÓN

¿Qué había llegado al pueblo de Tobías?

¿Qué monumentos importantes tenía el pueblo?

¿Qué idea se le ocurrió a Tobías?

¿Qué les gusta a los turistas?

¿Qué se podía comprar en la tienda de Tobías?

¿Quién es Baldomero?

¿Por dónde pasó Baldomero?

¿Qué ponía en el cartel de la tienda de Tobías?

¿Qué le preguntó Baldomero?

¿Quién hablaba todas las lenguas?

TEMAS PARA DEBATE

◇ Negocios alrededor del turismo.

9 Bautizo múltiple

多次洗礼

Cuando Tobías cumplió veinte años, recibió una carta del ayuntamiento de Villarriba, en la que se le comunicaba que tendría que ir a las oficinas para rellenar unos papeles en relación con su servicio militar y se le pedía que llevara una **partida de nacimiento**.

Tobías fue al ayuntamiento. Allí, en una ventanilla, una oficinista, una mujer mayor y con gafas, le preguntó su nombre completo. Tobías sacó entonces un papel del bolsillo y comenzó a decir: *Tobías, Miguel, Rafael, Gabriel, Manuel, Leoncio, Ladislao, Romualdo, Saturio, …*

-¡Basta! -gritó la oficinista, interrumpiendo la lista de nombres que estaba leyendo Tobías-. Nadie puede tener tantos nombres. ¿Es que **acaso** se está usted riendo de mí? Ni siquiera los hijos de los reyes tienen tantos nombres.

-No, señora. Mire este papel y verá que es verdad lo que digo -respondió Tobías. Tengo catorce nombres porque en la época en la que nací, los **curas** solían dar unas cuantas monedas a los niños de familias pobres que **se bautizaban** y como mis padres eran tan pobres, fueron a cada una de las catorce iglesias distintas que había en la ciudad y me bautizaron en todas ellas.

EXPRESIONES Y LÉXICO

partida de nacimiento: documento en el que se certifica la fecha y el lugar de nacimiento de una persona. 出生证明

acaso: tal vez, quizá. 或许

cura: religioso, sacerdote católico que dirige una iglesia o parroquia. 牧师

bautizarse: recibir el bautismo, sacramento de la religión católica. 洗礼

ACTIVIDADES DE COMPRENSIÓN

¿Qué recibió Tobías cuando cumplió los veinte años?

¿Qué decía la carta?

¿Qué se le pedía a Tobías que se llevara?

¿Qué le preguntó la oficinista del ayuntamiento?

¿Qué hizo Tobías entonces?

¿Cuáles eran los nombres de Tobías?

¿Qué gritó la oficinista interrumpiendo a Tobías?

¿Qué le preguntó la oficinista a Tobías?

¿Qué le contestó Tobías a la oficinista?

¿Cuántos nombres tenía Tobías?

¿Por qué tenía Tobías tantos nombres?

TEMAS PARA DEBATE

◇ Influencia de la Iglesia católica en la vida social.

10 Foto de ex novia

Un soldado que estaba en el **cuartel** cumpliendo el servicio militar, recibió una carta de su novia en la que esta le decía:

*Querido Anselmo: Hace tres meses conocí en un bar a un hombre, alto, **distinguido** y mucho más **apuesto** que tú. Nos **enamoramos locamente** y hemos decidido casarnos **de inmediato**. Por esta razón quiero que me devuelvas mi fotografía. **Tuya**, Carmen.*

El soldado **sufrió una decepción** tan grande, que corrió al cuartel y recogió todas las fotografías de chicas que pudo encontrar, incluyendo modelos, compañeras o amigas de otros soldados que amigablemente **se prestaron a** ayudarle. Hizo un paquete con ellas y se lo mandó a su ex novia, junto con una nota que decía:

*Querida Carmen: Me alegro mucho de que te vayas a casar. **Lamentablemente** temo que no recuerdo cuál es tu fotografía. Búscala entre todas y cuando la encuentres, me devuelves las otras. Tuyo, Anselmo.*

EXPRESIONES Y LÉXICO

cuartel: edificio en el que trabajan y viven los militares. 军营

distinguido: elegante y educado. 仪表堂堂

apuesto: guapo, de buena presencia. 帅气

enamorarse locamente: enamorarse apasionadamente. 陷入爱河

de inmediato: sin esperar, lo antes posible. 立即

tuyo (a): fórmula que se escribe en las cartas para despedirse. 你的（落款）

sufrir una decepción: perder la ilusión, llevarse un disgusto. 消沉

prestarse a: ayudar, colaborar con lo que alguien hace. 帮助，主动提供

ACTIVIDADES DE COMPRENSIÓN

¿Qué estaba haciendo el soldado en el cuartel?

¿Qué decía la carta que recibió el soldado?

¿Cómo se llamaba el soldado?

¿Qué quería su ex novia?

¿Qué le pasó a Anselmo cuando leyó la carta?

¿Qué hizo entonces?

¿Quién le prestó las fotos a Anselmo?

¿De quiénes eran las fotos que recogió Anselmo?

¿Qué hizo Anselmo después de recoger todas las fotos?

¿Qué decía la carta que mandó Anselmo a su ex novia?

TEMAS PARA DEBATE

◇ El servicio militar en España.

El cine estaba lleno de **espectadores** que disfrutaban de la **película** mientras comían **palomitas de maíz**, bebían refrescos o **mascaban** chicle.

Los **acomodadores**, con la linterna en la mano, conducían a los espectadores a sus asientos y vigilaban para que nadie fumara, porque en algunos cines se considera que fumar es peligroso, ya que puede **dar lugar** a un incendio. Uno de los acomodadores se dirigió a un espectador y le dijo:

—En este cine está prohibido fumar; si quiere hacerlo, salga de la sala.

—Pero yo no estoy fumando —le respondió el espectador.

—Pero tiene la pipa en la boca —insistió el acomodador.

—Sí, pero también tengo unos zapatos en los pies y eso no significa que esté andando —fue la **réplica** del espectador.

EXPRESIONES Y LÉXICO

espectador: persona que está viendo un espectáculo. 观众

película: film. 电影

palomitas de maíz: granos de maíz tostados. 爆米花

mascar: masticar, aplastar entre los dientes. 咀嚼

acomodador: persona que trabaja en un cine y que se encarga de llevar a los espectadores a sus asientos. 引导员

dar lugar: originar, producir, provocar. 造成，引起

réplica: respuesta, contestación. 回答

ACTIVIDADES DE COMPRENSIÓN

¿Cómo estaba el cine?

¿De qué disfrutaba la gente en el cine?

¿Qué comía la gente en el cine?

¿Quiénes conducían a los espectadores a sus asientos?

¿Qué vigilaban los acomodadores?

¿Por qué está prohibido fumar en algunos cines?

¿Por qué le llamó la atención el acomodador a un espectador?

¿Qué le respondió el espectador?

¿Qué le dijo el acomodador?

¿Qué volvió a responder el espectador?

TEMAS PARA DEBATE

◇ La costumbre de comer y beber en los cines.

◇ En tu país, ¿se puede fumar en los cines?

12 Hombre blanco en África

非洲的白人

Cada vez hay más gente en el mundo que quiere ayudar a las personas más necesitadas. Para ello, viajan a los países más pobres y allí ayudan a sus habitantes en el desarrollo de la educación, de la sanidad y de la agricultura.

Desde hace siglos, la ayuda a los países pobres la realizan los religiosos y **misioneros**, pero hoy en día muchos jóvenes con espíritu **altruista** viajan también a los países subdesarrollados para ayudar a sus habitantes.

En una ocasión, un médico español **recién licenciado**, llegó a un país africano para ayudar a la gente del lugar. Este médico fue conducido a un poblado en el interior de la selva para **asistir** a un enfermo que se encontraba muy grave. Antes de entrar a ver al enfermo, el médico le dijo a uno de sus familiares:

-Quédate aquí y vigila para que nadie me robe las cosas que hay en el coche.

-No se preocupe -dijo el familiar-, que aquí no hay ningún peligro de que le roben, porque por aquí cerca no hay ningún hombre blanco.

EXPRESIONES Y LÉXICO

misionero: persona religiosa que predica la religión. 传教士
altruista: persona que se preocupa por los demás y los ayuda. 利他主义者
recién licenciado: que acaba de terminar una carrera universitaria. 刚刚获得学士学位的
asistir: atender, curar. 参加

ACTIVIDADES DE COMPRENSIÓN

¿A dónde viaja la gente que quiere ayudar a los más necesitados?
¿En qué ayuda esta gente?
¿De quién era propio tradicionalmente el trabajo de ayudar a los necesitados?
¿A dónde viajó el joven médico?
¿A dónde fue conducido?

¿Dónde estaba situado el poblado?

¿Para qué tuvo que viajar hasta allí?

¿Qué dijo el médico a uno de los familiares del enfermo?

¿Qué le respondió el familiar?

¿Por qué no había peligro de que le robaran?

TEMAS PARA DEBATE

◇ Las ONG (Organizaciones No Gubernamentales).
◇ Los prejuicios raciales.

13 Malas notas

En muchos colegios, los alumnos reciben **trimestralmente** una calificación de los exámenes realizados. Esta calificación se conoce como *notas*. Las notas se dan desde *0* hasta *10*. El *9* y el *10* se consideran *sobresaliente*; el *7* y el *8*, *notable*; el *5* y el *6*, *aprobado* y menos de *5* se considera *suspenso*.

A Manolo, el hijo de Tobías, le habían dado sus notas. Había recibido en casi todas las asignaturas un **suspenso**. La única que había aprobado era la gimnasia, porque Manolo era un buen deportista y le gustaba correr, saltar y jugar al fútbol.

Al salir del colegio era ya tarde, casi de noche, y los amigos de Manolo le vieron pasar a paso muy rápido por la plaza del ayuntamiento, en dirección a su casa.

-¡Eh, Manolo! -le gritaron- Ven a jugar con nosotros.

-Hoy no puedo -contestó Manolo-. Tengo que llegar cuanto antes a mi casa. Mi madre me va a **dar una paliza**, porque las notas que me han dado en la escuela son malísimas.

-Entonces, no entiendo por qué tienes tanta prisa en volver a tu casa -le dijo uno de los amigos-. A lo mejor **estás mal de la cabeza**.

-Pues no estoy loco y sé muy bien lo que hago -respondió Manolo-. Quiero llegar a casa antes que mi padre, porque él pega mucho más fuerte que mi madre.

EXPRESIONES Y LÉXICO

trimestralmente: cada tres meses. 每三个月
suspenso: calificación mala, que obliga al estudiante a repetir el examen. 不及格
dar una paliza: dar golpes. 揍
estar mal de la cabeza: estar un poco loco. 脑子坏了

ACTIVIDADES DE COMPRENSIÓN

¿Qué reciben los alumnos trimestralmente en los colegios?

¿Con qué nombre se conocen las calificaciones?

¿Cómo se dan las notas?

¿Qué notas había recibido Manolo?

¿Por qué había aprobado la gimnasia?

¿Cuándo vieron a Manolo sus amigos?

¿Adónde se dirigía a toda velocidad?

¿Por qué no podía quedarse jugando con sus amigos?

¿Por qué le dijeron sus amigos que a lo mejor estaba mal de la cabeza?

¿Por qué quería llegar a su casa antes que su padre?

TEMAS PARA DEBATE

◇ Los malos tratos domésticos.
◇ La violencia contra los niños.

14 Pollos

小鸡

Era Navidad y Tobías recibió un mensaje en el que se decía que podía ir a recoger, en la estación de tren cercana, una caja de pollos que le enviaba su tío Damián, hermano de la madre de Tobías.

El tío Damián tenía una granja de pollos en un pueblo de Galicia. Tobías se puso muy contento y fue con toda la familia a la estación, a recoger la caja de cartón que contenía los pollos. Por desgracia, en el **trayecto** entre la estación y la casa de Tobías, la caja se rompió y los pollos comenzaron a correr de un lado a otro por las calles del pueblo.

Tobías y toda la familia se pusieron a correr detrás de los pollos. Al día siguiente Tobías escribió una carta de **agradecimiento** al tío Damián, en la que le contaba la **aventura**:

Lamentablemente los pollos se salieron de la caja y, a pesar de que corrimos detrás de ellos, buscándolos por todas partes, solo pudimos recuperar nueve.

A los pocos días recibió otra carta del tío Damián, en la que este decía:

Querido sobrino: No debes lamentarte por tu mala suerte, sino todo lo contrario, porque en la caja que te envié solo había cuatro pollos.

EXPRESIONES Y LÉXICO

trayecto: camino, recorrido. 路途

agradecimiento: palabras con las que se dan las gracias por algo. 感谢

aventura: incidente, cosas que han ocurrido. 冒险

lamentablemente: por desgracia. 很不幸

ACTIVIDADES DE COMPRENSIÓN

¿Qué decía el mensaje que recibió Tobías en Navidad?

¿Quién le mandó el regalo?

¿Qué tenía el tío Damián?

¿Qué hizo Tobías tras leer el mensaje?

¿Qué pasó en el trayecto entre la estación y la casa de Tobías?

¿Qué empezaron a hacer los pollos?

¿Qué hicieron Tobías y su familia cuando vieron que iban a perder los pollos?

¿Qué hizo Tobías al día siguiente?

¿Qué decía la carta que Tobías le mandó a su tío Damián?

¿Qué le respondió el tío Damián?

TEMAS PARA DEBATE

◇ La costumbre de hacer regalos en Navidad.

15 Una oferta de trabajo

工作机会

Un joven entró en un bar y pidió permiso para usar el teléfono que había junto a la **barra**. El dueño del bar no pudo evitar escuchar la siguiente conversación:

-¿Podría hablar con el jefe de personal de la empresa?

Después de un rato de silencio el joven siguió hablando:

-Le llamo por **lo** del anuncio que apareció la semana pasada en el periódico El Imparcial, pidiendo un oficinista.

-...............

-¡Ah! ¿Ya lo han ocupado? y... están contentos con él ¿no?

-...............

-Entonces, no vale la pena que les vuelva a llamar, ¿verdad?

El joven colgó el teléfono y se volvió a su sitio en la barra. El dueño del bar, que lo había oído todo, le dijo:

-Perdone, pero he oído por casualidad lo que decía ¿está usted buscando trabajo? Si es así, puede trabajar de camarero aquí.

Y el joven respondió:

-Gracias, pero no lo necesito. Hace una semana conseguí un buen trabajo como oficinista en una gran empresa. He llamado allí solo para comprobar si el puesto es seguro.

EXPRESIONES Y LÉXICO

barra: en los bares, mostrador; especie de mesa alargada que separa a los camareros de los clientes y que sirve para colocar las bebidas. 吧台

lo: tiene el sentido de *tema, cuestión, asunto*. （指某个）话题，事情

ACTIVIDADES DE COMPRENSIÓN

¿Dónde entró el joven?

¿Qué le pidió al dueño del bar?

¿Qué no pudo evitar el dueño del bar?

¿Qué preguntó el joven por teléfono?

¿Por qué llamaba el joven a aquella empresa?

¿Dónde había aparecido el anuncio?

¿Qué le pasaba al puesto de oficinista?

¿Qué preguntó el joven tras oír que el puesto ya había sido ocupado?

¿Qué le ofreció el dueño del bar al joven?

¿Por qué había llamado el joven a la empresa?

TEMAS PARA DEBATE

◇ Ofertas de trabajo.
◇ El mundo laboral.

16 Unas paredes demasiado finas

墙太薄

Tobías había vivido siempre en una casa antigua. Era una casa de paredes gruesas y fuertes y de techos altos. La había heredado de sus padres y tenía la **ventaja** de ser una casa con muchas habitaciones, y de estar situada en el centro del pueblo.

Tenía un pequeño patio que Severiana, la mujer de Tobías, había adornado con muchas plantas y flores. Sin embargo, como la casa era muy antigua, no tenía las comodidades de las casas modernas, como calefacción y agua caliente. Por eso Tobías y su mujer decidieron mudarse a una casa nueva.

La nueva casa que Tobías compró era amplia y muy **soleada**, pero tenía un **defecto**: sus paredes eran demasiado finas y por las noches Tobías no podía dormir, porque oía las peleas de los vecinos. Un día, harto ya de esta situación, le dijo a su mujer:

—Cariño, estoy harto de estas paredes tan finas. Ahora mismo me voy a la tienda, a comprar material **aislante** para **arreglar** esta situación.

Al oír esto, Severiana dijo, **horrorizada**:

—**¡Ni se te ocurra!** Si **aíslas** las paredes, ¿cómo voy yo a escuchar las conversaciones de los vecinos?

31

EXPRESIONES Y LÉXICO

ventaja: aspecto o característica positiva que tiene algo. 优势

soleada: que recibe la luz del sol. 阳光明媚的

defecto: aspecto o característica negativa que tiene algo. 缺陷

aislante: que no deja pasar los ruidos, el frío ni el calor. 隔绝的

arreglar: solucionar, remediar. 解决

horrorizada: asustada, con miedo. 吓一跳

¡ni se te ocurra!: expresión que significa *¡No pienses en ello, no lo voy a permitir!* 门儿都没有！

aislar: proteger una pared para evitar que el ruido, el calor o el frío pasen a través de ella. 隔绝

ACTIVIDADES DE COMPRENSIÓN

¿Dónde había vivido siempre Tobías?

¿Cómo era la casa en la que vivía?

¿De quién la había heredado?

¿Cuál era la ventaja que tenía la casa?

¿Qué era lo que le faltaba por ser antigua?

¿Cómo era la nueva casa que compró Tobías?

¿Qué defecto tenía?

¿Por qué Tobías no podía dormir?

¿Qué le dijo Tobías a su mujer?

¿Qué le contestó Severiana?

TEMAS PARA DEBATE

◇ Cotilleos y chismorreos.

17 Cursillo sobre cómo conocer hombres

结识男子培训班

En el verano, cuando habían terminado las clases en los colegios e institutos y los jóvenes estaban de vacaciones, la Sociedad Cultural de Villarriba organizaba **multitud de** cursillos sobre los más diversos temas. Los cursillos eran normalmente sobre cocina, deportes, naturaleza, trabajos **manuales** y cosas parecidas.

Aquel verano, Raúl, el hijo de Tobías, vio un cartel en la plaza, en el que se anunciaba un cursillo con el título: CÓMO CONOCER HOMBRES. **De inmediato** se sintió interesado por el tema y **se apuntó** al cursillo.

Cuando su padre se enteró, temió que su hijo fuera un poco raro y le preguntó que por qué se había apuntado a ese curso. Raúl tranquilizó a su padre diciéndole:

-Papá, no te asustes. Lo que yo quiero es conocer mujeres que quieran conocer hombres.

-¡Ah, menos mal! -dijo Tobías con un largo **suspiro de alivio**.

Llegó el día de la primera reunión y Raúl se dirigió a la sala de cultura del ayuntamiento, donde tendría lugar el cursillo. Pensaba en la cantidad de chicas guapas que iba a encontrar, pero, al abrir la puerta de la sala, vio que allí no había ni una sola mujer; solamente había chicos. Al parecer, todos los jóvenes del pueblo habían tenido la misma idea que Raúl.

EXPRESIONES Y LÉXICO

multitud de: muchos, gran cantidad de. 大量
manuales: trabajos que se hacen con las manos. 手工
de inmediato: en seguida, sin esperar. 立即
apuntarse: inscribirse. 报名
suspiro de alivio: respiración que muestra que alguien se siente tranquilizado. 长吁一口气

ACTIVIDADES DE COMPRENSIÓN

¿Cuándo se organizaban los cursillos?
¿Quién los organizaba?

¿Sobre qué trataban?

¿Quién era Raúl?

¿Cómo se llamaba el cursillo al que se apuntó Raúl?

¿Qué pensó Tobías cuando se enteró del curso en el que se había apuntado su hijo?

¿Qué dijo Raúl para tranquilizar a su padre?

¿A dónde se dirigió Raúl el día del comienzo del cursillo?

¿Qué se encontró al llegar al cursillo?

¿Por qué no había allí ni una sola mujer?

TEMAS PARA DEBATE

◇ Cursos de verano.

18 Las manzanas, para el cura

苹果嘛，给牧师吃

Don Cosme, el cura de Villarriba, no solía recibir muchos regalos. Los vecinos del pueblo no eran demasiado **generosos** y además, pensaban que los curas, como no tienen hijos, no necesitan mucho dinero para vivir.

Don Cosme se extrañó cuando, un día, una familia del pueblo, la familia Hinojosa, una de las más pobres, llegó con una cesta llena de manzanas. La familia dijo que era un regalo para él. Pero Don Cosme, que era un hombre bondadoso y honrado, no quería aceptarlas, pensando que aquella familia era demasiado pobre y que tendría más necesidad que él de comerse las manzanas. **Así que rechazó una y otra vez** el regalo, diciendo que lo consideraba un gran detalle, pero que en realidad él no se las podría comer todas y que, por tanto, era mejor que se las devolviera. La señora Ramona, la madre, se cansó de que el cura pusiera tantas **objeciones** y dijo con voz sincera y algo enfadada:

- Cójalas **de una vez**, señor cura, que ni los cerdos las quieren.

EXPRESIONES Y LÉXICO

generoso: persona que da dinero y regalos a los demás. 慷慨的

así que: por este motivo, por lo tanto. 因此

rechazar: no querer admitir o aceptar algo. 拒绝

una y otra vez: una vez tras otra, varias veces. 再三

objeción: excusa, pretexto que se pone para no hacer algo. 借口

de una vez: ya, por fin, finalmente. 终于

ACTIVIDADES DE COMPRENSIÓN

¿Qué es lo que no solía recibir Don Cosme?

¿Cómo eran los vecinos del pueblo de Villarriba?

¿Qué pensaban los vecinos de Villarriba sobre los curas?

¿Quién llegó un día a ver a Don Cosme?

¿Cómo era la familia que llegó a verle?

¿Qué le traía la familia?

¿Qué le dijeron a Don Cosme?

¿Cómo era el cura?

¿Por qué no quiso aceptar el regalo?

¿Qué decía Don Cosme al rechazar el regalo?

¿De qué se cansó Ramona?

¿Qué le dijo a Don Cosme?

TEMAS PARA DEBATE

◇ Los curas de pueblo.

19 El hijo del catedrático

教授之子

El doctor Rafael González, catedrático de medicina y famoso como médico y científico, quería que su hijo, que también se llamaba Rafael, fuera médico como él.

Desde que su hijo era pequeño, había pasado muchas horas enseñándole el nombre, la posición y la **función** exacta de cada uno de los músculos, los **órganos** y los huesos del cuerpo. Rafael hijo terminó los estudios en la escuela y se matriculó en la facultad de Medicina.

Terminado el curso, los alumnos de primer año tuvieron por fin el examen de **anatomía**. El profesor González estaba convencido de que su hijo haría un buen examen, ya que durante años, él mismo lo había preparado en esta **asignatura** .

El examen de anatomía era **oral**. Los alumnos eran examinados, uno por uno, por un **tribunal** compuesto por tres profesores. El padre estaba nervioso, esperando en la puerta de la sala a que saliera su hijo. En cuanto salió, le preguntó:

-¿Qué?, ¿cómo has hecho el examen?

El hijo contestó, muy contento:

-Me han dado **matrícula de honor**, papá. Y lo mejor es que solo me hicieron una pregunta.

-Me alegro, hijo, estoy muy orgulloso de ti. ¿Cuál fue la pregunta que te hicieron?

-¿De quién eres hijo?

EXPRESIONES Y LÉXICO

función: misión, cometido, trabajo que realiza algo o alguien. 功能

órgano: cualquiera de las partes del cuerpo animal o humano que tiene una función. 器官

anatomía: parte de la medicina que estudia el cuerpo humano. 解剖学

asignatura: cada una de las materias que se enseñan en un instituto o universidad. 科目

oral: expresado con palabras. 口头的

tribunal: conjunto de profesores ante el cual se realizan los exámenes. 考官们

matrícula de honor: máxima calificación que se puede dar a un alumno. 最优

ACTIVIDADES DE COMPRENSIÓN

¿Quién era Rafael González?

¿Qué quería que fuera su hijo?

¿Qué había hecho con su hijo desde que este era pequeño?

¿Dónde se matriculó Rafael hijo?

¿Qué pasó unos meses después?

¿De qué estaba convencido el doctor González?

¿De qué era el examen que tenía Rafael hijo?

¿Cómo se realizaba el examen?

¿Qué nota sacó Rafael hijo?

¿Cuál fue la única pregunta que le hicieron?

TEMAS PARA DEBATE

◇ Sistemas de examen.

◇ Calificaciones.

20 Tobías en la bañera

小托泡澡

Cuando Tobías comenzó el servicio militar, el sargento comunicó a los soldados que al día siguiente iba a llevarles a un examen médico. Al día siguiente, Tobías se levantó, se vistió y en el momento en que se disponía a salir para la **enfermería**, se encontró de frente con el sargento. Este lo miró de arriba a abajo y le ordenó de inmediato:

-¡A la bañera!

Tobías cumplió la orden, pero cuando se disponía a salir del baño, se le acercó de nuevo el sargento y le preguntó:

-¿Sabes por qué te he mandado a la bañera, soldado?

-No, mi sargento

-Entonces, ¡vete otra vez a la bañera! Y no te muevas de ahí hasta que yo vuelva.

Al rato, volvió a aparecer el sargento y dijo:

-¿Has conseguido averiguar ya por qué te he mandado a la bañera?

-Sí, mi sargento, ¡qué estúpido por mi parte, no haberme dado cuenta antes! Ahora ya **veo claro** que lo que usted quiere es *prepararme para la* **marina**.

EXPRESIONES Y LÉXICO

enfermería: lugar donde se atiende en el ejército a los enfermos o heridos. 护士站

ver claro: entender, comprender. 明白

marina: conjunto de las fuerzas militares que operan en el mar. 海军

ACTIVIDADES DE COMPRENSIÓN

¿Qué le realizaron a Tobías durante el servicio militar?

¿Qué hizo Tobías el día del examen médico?

¿Con quién se encontró cuando se disponía a salir para la enfermería?

¿Qué le ordenó el sargento a Tobías?

¿Qué pasó cuando Tobías iba a salir del cuarto de baño?

¿Qué le ordenó el sargento esta vez?

¿Qué le preguntó el sargento a Tobías?

¿Por qué creía Tobías que el sargento lo mandaba tantas veces a la bañera?

El aspecto de Tobías, ¿era limpio, o sucio?

TEMAS PARA DEBATE

◇ El servicio militar en España.

神学博士

Don Alberto Tarazona era un sacerdote, profesor de **Teología** en el **seminario**. En un seminario estudian alumnos que **posteriormente** serán sacerdotes.

Don Alberto era un hombre sencillo y liberal y cuando no era necesario, no vestía el traje de sacerdote. Vivía en una casita en la parte antigua de la ciudad. Junto a la puerta de entrada de su casa, había un pequeño letrero en el que se podía leer:

ALBERTO TARAZONA

DOCTOR EN TEOLOGÍA

En una ocasión, Concepción, la vieja criada del profesor Tarazona, abrió la puerta a una vecina que, sin duda, había confundido a Don Alberto Tarazona con un médico, ya que normalmente a los médicos se les llama *doctor*.

-¿Está el Doctor Tarazona? —preguntó la mujer. -Mi marido se ha puesto gravemente enfermo y necesito que venga urgentemente a visitarlo.

-Lo siento mucho, señora, pero eso no serviría de nada -le contestó Concepción-. El doctor Tarazona no es de los doctores que salvan a las personas de la muerte, sino de los que las **convencen** de que después de ella vivirán mejor.

EXPRESIONES Y LÉXICO

teología: ciencia que estudia las religiones y todo lo relacionado con Dios. 神学

seminario: lugar en el que los jóvenes se preparan para ser sacerdotes. 神学院

posteriormente: luego, más tarde. 而后

convencer: incitar, mover con razones a alguien a hacer algo o a cambiar de opinión o de comportamiento. 说服

ACTIVIDADES DE COMPRENSIÓN

¿Quién era Don Alberto Tarazona?

¿Qué es un seminario?

¿Cómo era Don Alberto?

¿Dónde vivía?

¿Qué decía el letrero que tenía en la puerta de su casa?

¿Quién era Concepción?

¿A quién abrió la puerta?

¿Con quién confundió la vecina a Don Alberto?

¿Para qué le necesitaba?

¿Qué le contestó Concepción a la vecina?

TEMAS PARA DEBATE

◇ Sacerdotes y médicos.

22 Autoescuela

驾校

El señor Gutiérrez dudaba de la **habilidad** de su hijo Damián para conducir un coche. Finalmente, ante la insistencia del chico, **accedió** a que fuera a una autoescuela, para aprender a conducir. Damián iba todos los días a practicar y, a la vuelta, le decía a su padre:

-Estoy haciendo grandes **progresos**, papá.

Una tarde, el padre se acercó al lugar donde se realizaban las prácticas y observó a su hijo, que conducía el coche, sentado junto al **instructor**. Cuando el muchacho, feliz, salió del vehículo, el señor Gutiérrez le preguntó:

-¿Tú crees que con este instructor vas a aprender algo? Pero, ¡si es un anciano! ¿No ves que tiene todo el pelo blanco?

Y el instructor, que había oído estas palabras, exclamó:

-Señor, me está usted **ofendiendo**. Sepa que cuando empecé a dar lecciones a su hijo, mi cabello era tan negro como el suyo.

EXPRESIONES Y LÉXICO

habilidad: capacidad para hacer algo. 技巧
acceder: estar de acuerdo en hacer o permitir algo. 同意
progreso: mejora, avance. 进步
instructor: profesor. 教练
ofender: molestar, hacer que alguien se sienta insultado. 冒犯

ACTIVIDADES DE COMPRENSIÓN

¿De qué dudaba el señor Gutiérrez?
¿Qué decidió, a pesar de eso?
¿Qué le decía Damián a su padre todos los días?
¿Adónde fue una tarde el señor Gutiérrez?

¿Qué observaba en aquel lugar?

¿De dónde salió Damián?

¿Qué le preguntó el padre al hijo?

¿Cómo era el instructor?

¿De qué color era antes el pelo del instructor?

¿Cuándo se le volvió el pelo blanco?

TEMAS PARA DEBATE

◇ Jóvenes al volante.

23 Una mujer fértil

能生孩子的女人

Zulema era una mujer colombiana que tenía veintidós hijos, todos chicos.

Vivían todos juntos en una casa en la selva, junto a un gran río.

Un periódico de la capital se enteró de que había una mujer con muchos hijos y publicó la noticia. De inmediato, muchos periodistas fueron a hablar con Zulema.

-¿Cómo se llaman sus hijos? - fue la primera pregunta de un periodista.

-Rubén-. Contestó Zulema.

-¿Y los demás?

-Rubén. Todos se llaman Rubén…

-Pero, ¿por qué?

-Porque me gusta mucho ese nombre. Además, tiene sus **ventajas**: **Imagínese** que tengo que llamar a cada uno de ellos para que todos vengan a cenar; sería un problema. En cambio, así me basta gritar: *¡Rubén!*, y vienen todos.

-**Ya**, pero ¿y si quiere llamar solo a uno de ellos?

-Entonces le llamo por su primer apellido.

EXPRESIONES Y LÉXICO

ventaja: aspecto o característica buena de algo. 优点
imaginarse: pensar. 试想
ya: sí (ya comprendo, ya entiendo). 是这样

ACTIVIDADES DE COMPRENSIÓN

¿Qué nacionalidad tenía la mujer?

¿Cómo se llamaba?

¿Cuántos hijos tenía?

¿Quiénes vinieron un día a hablar con ella?

¿Por qué era interesante Zulema para los periodistas?

¿Qué le preguntaron?

¿Cómo se llamaban los hijos?

¿Cuántos hijos tenían el mismo nombre?

¿Qué ventaja tenía que todos los hijos se llamasen igual?

¿Qué le preguntaron entonces los periodistas?

¿Qué hacía Zulema cuando quería llamar solamente a uno de sus hijos?

¿Qué significado tiene que los primeros apellidos fuesen distintos?

TEMAS PARA DEBATE

◇ La maternidad.

◇ Los sistemas de nombres y apellidos en los distintos países.

24 La carta de recomendación

推荐信

Tobías consiguió un trabajo en una importante **editorial** de Barcelona. Su trabajo consistía en meter libros en cajas, que eran posteriormente enviadas a distintos lugares de España y América.

Tobías no era un buen trabajador. Era **indisciplinado** y el trabajo **rutinario** le aburría. Por eso, no solamente llegaba tarde casi todos los días, sino que además perdía mucho tiempo hablando con los compañeros.

Un día decidió cambiar de trabajo y fue a pedir una **carta de recomendación** al director de la editorial. Este apreciaba a Tobías porque era simpático y buena persona, pero no quería mentir. No podía negarse a escribir una carta de recomendación para un empleado, pero tampoco podía decir directamente la verdad. O, lo que es igual, decir que Tobías era **más bien** vago. El director era un hombre de **recursos** y tras una cuidadosa reflexión, escribió la siguiente carta de recomendación:

*Tobías es un hombre simpático y **jovial**. Es muy leal a sus jefes y también es muy querido por sus compañeros. Será usted muy afortunado si consigue que esta persona trabaje para usted.*

EXPRESIONES Y LÉXICO

editorial: empresa que publica y vende libros. 出版社
indisciplinado: desobediente, que no hace caso a lo que se le ordena. 自由散漫的
rutinario: trabajo aburrido, que se realiza de igual modo día tras día. 常规的
carta de recomendación: carta que escribe un jefe para dar buena información acerca de un empleado. También se llama *referencias* o *informes*. 推荐信
más bien: bastante. 相当
recursos: ideas acertadas para solucionar un problema. 有办法的
jovial: alegre y agradable. 开朗的

ACTIVIDADES DE COMPRENSIÓN

¿En qué ciudad consiguió Tobías un trabajo?
¿En qué clase de empresa?

¿En qué consistía el trabajo de Tobías?

¿Por qué no era un buen trabajador?

¿En qué perdía mucho tiempo?

¿Qué fue lo que decidió un día?

¿Qué fue a pedir al director de la editorial?

¿Por qué apreciaba el director de la empresa a Tobías?

¿Cuál era la verdad acerca de Tobías?

¿Qué clase de hombre era el director de la editorial?

¿Qué carta de recomendación escribió finalmente?

TEMAS PARA DEBATE

◇ La búsqueda de empleo.
◇ Las cartas de recomendación.

25 El camión encajado en un túnel

卡在隧道里的货车

Una vez, un camión de gran tamaño se quedó **encajado** en el techo de un túnel que atravesaba una **elevada cadena de montañas**. La carretera quedó inmediatamente cortada y el tráfico, interrumpido.

Como era importante restablecer cuanto antes el tráfico por el túnel, las autoridades enviaron al lugar un grupo de ingenieros y especialistas para tratar de sacar el camión. Pero a pesar de todos los esfuerzos que se hicieron, nadie consiguió moverlo. Tras tres días de intentos inútiles, pasó por allí un chico de unos diez años que, acercándose a uno de los ingenieros, le dijo:

-Señor, ¿cuánto me darían si les digo un **truco** para sacar el camión del túnel?

El ingeniero le miró con **desprecio** y dijo:

-Anda, niño, vete a jugar por ahí.

-Pero, señor, le prometo que puedo darle una buena solución a su problema. Y usted, a cambio, podría comprarme una bicicleta nueva. ¿Qué me dice?

-Está bien, trato hecho. Ahora dime, ¿cómo podemos sacar el camión del túnel?

-Fácil -contestó el niño-. Pruebe a **desinflar** un poco los **neumáticos** y entonces podrá sacarlo.

EXPRESIONES Y LÉXICO

encajar: meter algo en un hueco muy pequeño, atascar, aprisionar. 卡住

elevado: muy alto. 很高的

cadena de montañas: conjunto de montañas unidas, cordillera. 群山

truco: idea ingeniosa para resolver un problema. 窍门

desprecio: falta de aprecio o de cariño. 鄙视

desinflar: sacar aire. 放气

neumático: cubierta de goma muy dura que rodea la rueda de un coche o de un camión. 轮胎

ACTIVIDADES DE COMPRENSIÓN

¿Dónde se quedó encajado el camión?

¿Quién viajó hasta el túnel en el que estaba encajado el camión?

¿Para qué viajó esta gente hasta allí?

¿Qué ocurría con todos los intentos de sacar el camión?

¿Cuánto tiempo estuvieron intentándolo?

¿Quién se acercó por aquel lugar?

¿Qué dijo el niño al ingeniero?

¿Qué pidió el niño a cambio de solucionar el problema?

¿Qué le contestó el ingeniero?

¿Qué consejo le dio el niño al ingeniero?

TEMAS PARA DEBATE

◇ Ideas geniales.
◇ El huevo de Colón.

2 6 Los tíos de Madrid

马德里的伯父伯母

Tobías tenía unos tíos en Madrid. Cuando era pequeño, sus tíos venían todos los años al pueblo en un gran coche negro, conducido por un **chófer** y traían regalos caros para toda la familia.

Cuando Tobías creció, siempre que tenía **apuros** económicos iba a ver a sus tíos o les llamaba por teléfono y ellos siempre le enviaban dinero.

Unos años después, la **prima** de Tobías anunció que iba a casarse. Tobías comunicó a sus tíos que no tenía dinero para ir a Madrid, pero que quería asistir a la **boda**. Los tíos le enviaron enseguida un billete de avión.

Poco después, Tobías llamó por teléfono a su tío y le dijo que necesitaba urgentemente que le enviara más dinero.

-Ya tienes el billete de avión -dijo el tío de Tobías-. Y cuando estés en Madrid no tendrás que pagar nada, ya que **te alojarás** en nuestra casa. Además, con la boda de tu prima tenemos demasiados gastos. Realmente, ¿para qué necesitas tanto dinero?

-¡Por Dios, tío! -dijo Tobías, **dolido**-. ¡No pensarás que, después de todo lo que habéis hecho por mí todos estos años, puedo presentarme en la boda de vuestra hija sin un buen regalo!

笑爆西班牙语

EXPRESIONES Y LÉXICO

chófer: persona cuyo oficio es conducir un coche. 司机

apuro: situación de difícil solución. 窘境

primo (a): hijo (a) de los tíos. 堂（表）兄弟姐妹

boda: ceremonia de matrimonio. 婚礼

alojarse: tener una casa para dormir y vivir durante unos días. 住宿

dolido: molesto, apenado. 心痛

ACTIVIDADES DE COMPRENSIÓN

¿Dónde vivían los tíos de Tobías?

¿Cómo venían al pueblo todos los años?

¿Qué traían para toda la familia?

¿Qué hacía Tobías para solucionar sus problemas económicos?

¿Quién iba a casarse?

¿Qué dijo Tobías a sus tíos?

¿Qué le enviaron ellos enseguida?

¿Qué dijo Tobías a su tío por teléfono?

¿Por qué el tío de Tobías no podía darle más dinero?

¿Para qué pidió Tobías más dinero a su tío?

TEMAS PARA DEBATE

◇ Regalos de boda.

Gonzalo, el hijo de Tobías, llegó un día de la escuela, se dirigió a la habitación de su hermana **Charo** y le dijo:

-Charo, guapa, préstame tu bolígrafo, que tengo que hacer las **tareas** del colegio.

La hermana respondió:

-No, porque me lo gastas.

Gonzalo, **decepcionado,** fue entonces a ver a su padre, que estaba haciendo cuentas en la mesa del salón.

-Papá, por favor, préstame tu bolígrafo; es para hacer los ejercicios del colegio.

Tobías, casi sin mirarlo, le respondió:

-No, porque se gasta.

Gonzalo se fue a la cocina, donde su madre estaba preparando la cena.

-Mamá, por favor, por favor, préstame tu bolígrafo.

La madre también le respondió:

-¡No, hijo, que se gasta y lo necesito para hacer la lista de las compras!

Gonzalo se quitó la gorra, se rascó la cabeza y **se lamentó**, diciendo:

-¡Qué familia de egoístas! ¡Qué familia la mía! ¡**No tendré más remedio** que usar mi propio bolígrafo!

EXPRESIONES Y LÉXICO

charo: forma abreviada de *Rosario*, nombre femenino. Rosario 的昵称

tarea: deberes del colegio, trabajos que los profesores mandan para que se hagan en casa. 家庭作业

decepcionado: enfadado, desilusionado. 沮丧的

lamentarse: quejarse, expresar contrariedad. 抱怨

no tener más remedio: no tener otra solución más que esa. 别无他法

ACTIVIDADES DE COMPRENSIÓN

¿A dónde se dirigió Gonzalo al llegar a su casa?

¿Qué le pidió a su hermana Charo?

¿Para qué quería Gonzalo el bolígrafo?

¿Qué le respondió Charo?

¿A quién se dirigió entonces Gonzalo?

¿Qué estaba haciendo Tobías?

¿Qué preguntó Gonzalo a su padre?

¿Qué contestó Tobías a su hijo?

¿A dónde se fue entonces Gonzalo?

¿Qué contestó la madre a la pregunta que le hizo Gonzalo?

¿Qué hizo entonces Gonzalo?

¿Qué dijo Gonzalo lamentándose?

TEMAS PARA DEBATE

◇ Generosidad y egoísmo.

◇ Tareas escolares para hacer en casa.

28 Desmemoriado

健忘的人

Tobías fue a la ciudad, a visitar a su viejo maestro, Don Anselmo, que había cumplido noventa años. Tobías le llevó una tarta, ya que sentía un gran **afecto** por él.

Don Anselmo había sido un profesor amable y paciente, que había conseguido enseñar a Tobías, a pesar de que este había sido un alumno indisciplinado y un mal estudiante. Don Anselmo recibió a Tobías, se puso muy contento de que un antiguo alumno se acordara aún de él e insistió en invitarlo a comer.

A Tobías le extrañó que durante la comida Don Anselmo le dijera siempre a su mujer cosas amables y cariñosas. Al comenzar a comer dijo: **Cariñito**, *pásame la sal*. Al cabo de un rato se dirigió a ella diciendo: **Amorcito**, *¿me das el pan?* Al final de la comida le explicó: **Cielito**, *hoy no fregaré porque ha venido este antiguo alumno a verme*.

Cuando Tobías se quedó solo con Don Anselmo, le dijo en voz baja:

—Don Anselmo, estoy muy sorprendido. Parece increíble, con la cantidad de años que lleva usted casado con su mujer, que aún exista un amor tan grande entre los dos. Le dice usted unas palabras muy cariñosas.

Don Anselmo miró hacia la puerta de la cocina y respondió:

—No es eso. Es que la memoria me falla. Hace ya diez años que no me acuerdo de cómo se llama esa mujer.

EXPRESIONES Y LÉXICO

afecto: sentimiento de cariño y respeto hacia alguien o hacia algo. 感情

cariñito, amorcito, cielito: diminutivos de *cariño*, *amor* y *cielo*, tres palabras cariñosas que suelen decirse los enamorados. 亲爱的

ACTIVIDADES DE COMPRENSIÓN

¿A qué fue Tobías a la ciudad?

¿Cuántos años había cumplido Don Anselmo?

¿Qué le regaló Tobías?

¿Qué clase de alumno era Tobías?

¿Qué había conseguido Don Anselmo?

¿Qué frases le decía Don Anselmo a su mujer durante la comida?

¿Por qué estaba Tobías tan asombrado?

¿Hacia dónde miró Don Anselmo antes de contestar a Tobías?

¿Qué le pasaba a la cabeza de Don Anselmo?

¿Qué pasaba desde hacía ya diez años?

TEMAS PARA DEBATE

◇ Los viejos maestros.

29 El anciano enamorado

坠入爱河的老先生

Don Elías era un **antiguo conocido** de Tobías. Había estado casado y había tenido varios hijos, pero ahora estaba **viudo** y sus hijos no vivían con él. Para **distraerse** decidió hacer un viaje al extranjero. En la agencia de viajes le recomendaron que hiciera un viaje organizado, por Grecia y por las islas griegas.

Los viajes organizados tienen la ventaja de que son muy animados, porque en ellos **coinciden** personas de diversas edades y de distinta **procedencia**. A la vuelta del viaje, Don Elías llamó a Tobías y le dijo que tenía que hablar urgentemente con él.

-Tobías, tú eres un hombre con experiencia y un buen amigo mío. De verdad necesito tu consejo. En el viaje a Grecia he conocido a Penélope, una chica preciosa y simpatiquísima, de Málaga. Nos hemos hecho muy amigos. Penélope me gusta mucho y me quiero casar con ella, pero no sé cómo hacerlo. Ella es muy joven y yo tengo ya sesenta y cinco años. ¿Crees que tendría más posibilidades si le dijera que tengo solo cincuenta?

-¿Cuántos años tiene ella? -preguntó Tobías.

-Veintidós.

-Entonces -dijo Tobías-, lo que tienes que hacer es **derrochar** todos tus **ahorros** con ella, para que se crea que eres muy rico, y decirle que tienes ochenta y cinco años.

EXPRESIONES Y LÉXICO

antiguo conocido: persona a la que se conoce desde hace mucho tiempo. 老相识

viudo: hombre cuya mujer ha muerto. 鳏夫

distraerse: entretenerse, pasarlo bien, divertirse. 消遣

coincidir: encontrarse dos o más personas en el mismo lugar. 符合，合拍

procedencia: origen. 出身

derrochar: gastar mucho dinero rápidamente. 挥霍

ahorros: dinero que guarda una persona para gastarlo si ocurre cualquier situación no esperada. 积蓄

ACTIVIDADES DE COMPRENSIÓN

¿Quién era Don Elías?

¿Cuántos hijos había tenido?

¿Cómo estaba ahora?

¿Qué decidió hacer Don Elías para distraerse?

¿Por dónde hizo el viaje organizado?

¿Qué ventaja tienen los viajes organizados?

¿Cuándo llamó Don Elías a Tobías?

¿A quién había conocido Don Elías en el viaje?

¿Qué quería hacer?

¿Cuántos años tenía Don Elías?

¿Qué le preguntó a Tobías?

¿Cuántos años tenía Penélope?

¿Qué consejo le dio Tobías a Don Elías?

TEMAS PARA DEBATE

◇ Los viajes organizados.
◇ Los matrimonios de edades desiguales.

30 Treinta años menos 🎧

年轻三十岁

Una señora ya **entrada en años**, visita a un **cirujano plástico** y le dice:

-Doctor, yo necesito que usted me quite treinta años. He conocido, por **correspondencia**, a un hombre maravilloso, un australiano, y dentro de un mes vendrá a verme porque ha decidido casarse conmigo. El problema es que le he dicho que tengo treinta años menos de los que tengo en realidad. No me importa el dinero, necesito aprovechar esta ocasión única en mi vida.

El doctor realiza un examen y comprueba que el tiempo ya ha hecho mucho daño en el físico de la mujer, por lo que le informa:

-Señora, yo no me siento capaz de hacer lo que usted me pide.

-Pero doctor... entonces, **recomiéndeme** a alguien.

El doctor **anota** algo en un papel y se lo da a la señora.

-Aquí está la dirección de alguien que le puede quitar esos años que quiere.

-¿Es otro cirujano plástico?

- No, es uno que **falsifica partidas de nacimiento**.

EXPRESIONES Y LÉXICO

entrada en años: persona madura. 上岁数的

cirujano plástico: médico que se dedica a embellecer el cuerpo. 整形医师

correspondencia: intercambio de cartas. 通信

recomendar: aconsejar a alguien que haga cierta cosa o que visite a cierta persona. 建议

anotar: escribir, apuntar. 写，记

falsificar: hacer un documento falso. 伪造

partida de nacimiento: documento en el que se escribe el nombre del niño recién nacido, con la fecha y el lugar del nacimiento. 出生证明

ACTIVIDADES DE COMPRENSIÓN

¿A quién fue a visitar la señora?

¿Cuántos años quería que le quitaran?

¿A quién había conocido la señora por correspondencia?

¿Para qué quería operarse?

¿Qué había decidido el australiano?

¿Cuál era el problema que tenía la señora?

¿Qué comprobó el cirujano tras realizar un examen?

¿Qué le dijo a la señora?

¿Qué le pidió entonces ella?

¿Qué le dio el cirujano?

¿Qué le preguntó la señora?

¿De quién era la dirección que el cirujano le había dado?

TEMAS PARA DEBATE

◇ La cirugía plástica: rejuvenecimientos artificiales.
◇ El culto al cuerpo.

31 Fiesta de disfraces

化装舞会

Para celebrar el fin de año, el Ayuntamiento había organizado un baile de **disfraces**. El alcalde ofreció un premio de trecientos euros al que tuviera el disfraz más original.

Todos los vecinos del pueblo acudieron al baile, cada uno con un disfraz diferente. Tobías consiguió, gracias a un amigo que trabajaba en un circo, un disfraz muy original: un traje de gorila. El disfraz de Tobías tuvo mucho éxito y ganó el premio.

Pero Tobías tuvo un problema: bebió demasiada cerveza y en toda la noche no pudo **ir al servicio**, porque para ello hubiera tenido que quitarse todo el traje. Cuando iba de vuelta hacia su casa, no pudo aguantar más, se quitó el disfraz, se quedó desnudo y se puso a **orinar** junto a una pared.

En ese momento apareció un policía con bigote y gafas. Tobías, **avergonzado**, le dio noventa euros, que era la multa con la que en el pueblo se castigaba ese tipo de **infracciones**. Tobías se disculpó diciendo:

-Es que he estado disfrazado toda la noche.

El otro, mientras salía corriendo, le respondió:

-Y yo también.

EXPRESIONES Y LÉXICO

disfraz: ropa que alguien se pone para parecer algo distinto de lo que es. 化装
ir al servicio: ir al cuarto de baño para orinar. 如厕
orinar: expulsar aguas del cuerpo. 小便
avergonzado: con sentimiento de culpa por haber cometido una acción prohibida. 羞愧的
infracción: acción en contra de lo que manda la ley. 违法

ACTIVIDADES DE COMPRENSIÓN

¿Qué había organizado el Ayuntamiento para celebrar el fin de año?

¿Qué ofreció el alcalde?

¿A quién ofrecía el premio?

¿Cómo acudieron los vecinos al baile?

¿Qué disfraz consiguió Tobías?

¿Qué ganó gracias a su disfraz?

¿Qué problema tuvo?

¿Qué hizo de vuelta a su casa?

¿Quién apareció en ese momento?

¿Cuánto tuvo que pagar Tobías de multa?

¿Cómo se disculpó con el policía?

¿Qué le respondió el policía mientras salía corriendo?

TEMAS PARA DEBATE

◇ Las fiestas de disfraces.
◇ Las multas.

32 Tobías en el oculista

Tobías y su mujer, Severiana, fueron al **oculista** porque Tobías tenía problemas de visión. El médico, un hombre de mediana edad con el pelo blanco, le hizo sentarse en un **taburete** y le dijo **secamente**:

-Tápese el ojo izquierdo con la mano derecha y mire a mi mano derecha.

-¿Me lo puede repetir? -dijo Tobías, confuso.

El oculista repitió la orden varias veces más, pero Tobías estaba demasiado nervioso para entender las instrucciones. El médico, que no quería perder tiempo, cogió una caja de cartón, le hizo un agujero, la puso sobre la cabeza de Tobías y le dijo:

-Ahora, míreme y fíjese en la mano que estoy moviendo.

El oculista se dio cuenta de que del ojo de Tobías estaban cayendo lágrimas y preguntó:

-Pero... ¿por qué llora?

-Verá, doctor -interrumpió Severiana-. Es que él creía que le iban a poner unas gafas de cristal y le hacía ilusión tener aspecto de hombre **intelectual**.

EXPRESIONES Y LÉXICO

oculista: médico que se ocupa de los ojos. 眼科医生

taburete: asiento alto, sin respaldo. 高脚凳

secamente: fríamente, sin amabilidad. 冷冷地

intelectual: persona culta, aficionada a leer y escribir. 知识分子

ACTIVIDADES DE COMPRENSIÓN

¿A dónde fue Tobías?

¿Quién le acompañó?

¿Por qué fue Tobías al oculista?

¿Cómo era el oculista?

¿Qué le dijo a Tobías?

¿Qué le pidió Tobías al oculista?

¿Por qué no entendía Tobías las instrucciones?

¿Qué hizo el oculista para no perder tiempo?

¿Qué dijo entonces el oculista a Tobías?

¿De qué se dio cuenta el oculista?

¿Qué preguntó a Tobías?

¿Qué respondió Severiana al oculista?

¿Por qué lloraba Tobías?

TEMAS PARA DEBATE

◇ El cuidado de la imagen.

33 Tobías en la playa

托叔在沙滩上

Aquel verano, la familia de Tobías decidió ir a pasar sus vacaciones en el mar. Alquilaron, conjuntamente con Felipe y Eulalia, una pareja de amigos, un pequeño apartamento en la playa de Torremolinos para todo el mes de agosto.

En España hay gran cantidad de playas, adonde cada año **acuden** muchos turistas españoles y extranjeros y Torremolinos, situado en la costa del Sol, en la provincia de Málaga, es uno de los lugares turísticos preferidos por los **forasteros**. A Torremolinos van muchas suecas, danesas, italianas y de otros países, todas muy jóvenes y muy guapas.

Tobías **se jactaba** de que hablaba todas las lenguas y la verdad es que conseguía hacerse entender con pocas palabras y muchos gestos. El primer día que fueron a bañarse a la playa, Tobías se acercó a un grupo de chicas extranjeras y comenzó a hablar y a bromear con una de ellas. Eulalia, la amiga de Severiana, le dijo:

-Mira, allí. Tu marido está intentando **ligar** con una sueca guapísima.

-Je, je, je –sonrió Severiana.

-Tu marido intenta ligar y ¿tú te ríes? -se extrañó Eulalia.

-Sí, y además estoy contando el tiempo, para ver cuánto aguanta metiendo la barriga para adentro.

EXPRESIONES Y LÉXICO

acudir: ir a un sitio. 去往

forastero: persona que viene de otro lugar; en este caso, extranjero. 外来者，外国人

jactarse: presumir, decir con orgullo que se tienen determinadas cualidades. 炫耀

ligar: intentar entablar relación con otra persona. 勾搭

ACTIVIDADES DE COMPRENSIÓN

¿Qué decidió la familia de Tobías aquel verano?

¿Qué alquilaron?

¿Con quién alquiló la familia de Tobías el apartamento?

¿Qué hay en España?

¿Qué es Torremolinos?

¿Qué hay en Torremolinos?

¿De qué se jactaba Tobías?

¿Qué conseguía?

¿Qué hizo el primer día que fue a bañarse a la playa?

¿Qué le dijo Eulalia a Severiana?

¿Por qué se reía Severiana?

TEMAS PARA DEBATE

◇ El turismo de la Costa del Sol.
◇ El atractivo de las turistas extranjeras.

34 Lo nunca visto

Tobías estaba en lo alto de una **loma**, al atardecer y vio pasar, a lo lejos, a un amigo suyo, cargado con un saco. Tobías le hizo señas para que se acercara. El hombre se acercó y cuando estaba al pie de la colina, Tobías le gritó:

-Rafael, Rafael, mira, ven aquí. No te lo pierdas. ¡Esto es extraordinario! ¡Sube enseguida!

Rafael no quería subir hasta donde estaba Tobías, porque se encontraba muy lejos y porque el saco que llevaba pesaba mucho y tampoco quería dejarlo en el suelo, por miedo a que se lo robasen. Diciendo adiós a Tobías con la mano le gritó:

-No puedo, tengo prisa, luego me lo cuentas. ¡Hasta luego!

Pero Tobías volvió a hacerle gestos para que subiera, al mismo tiempo que le gritaba:

-¡Rafael, Rafael, date prisa, sube!

Finalmente Rafael se sintió **intrigado**, decidió hacer caso a Tobías y comenzó a subir la cuesta con esfuerzo. Después de veinte minutos, llegó **resoplando** a lo alto de la cumbre y le dijo a Tobías:

-¿Qué, qué?

Tobías, muy **satisfecho**, le dijo:

-Fíjate, desde aquí se ve tu casa.

EXPRESIONES Y LÉXICO

lo nunca visto: expresión idiomática con que se designa algo excepcional. 前所未见

loma: pequeña elevación del terreno. 山梁

intrigado: interesado, con curiosidad. 好奇的

resoplar: expulsar el aire de un modo muy fuerte y haciendo mucho ruido, para aliviar el cansancio. 气喘吁吁

satisfecho: contento. 满意的

ACTIVIDADES DE COMPRENSIÓN

¿Dónde estaba Tobías?

¿A quién vio a lo lejos desde allí?

¿Para qué le hizo Tobías señas a su amigo?

¿Qué le dijo cuando llegó al pie de la colina?

¿Por qué no quería subir Rafael a la colina?

¿Por qué no quería dejar el saco en el suelo?

¿Qué le dijo Rafael a Tobías?

¿Qué comenzó a hacer Rafael?

¿Cuánto tardó en subir la colina?

¿Qué le dijo a Tobías, una vez que llegó a la cumbre de la colina?

¿Qué le respondió Tobías?

TEMAS PARA DEBATE

◇ Los amigos impertinentes.

35 La trompeta

小号

Un hombre fue a la **consulta** del médico porque tenía fuertes dolores en una rodilla. El médico lo examinó atentamente, le hizo varias pruebas y finalmente le dijo:

-Creo que ya sé lo que le pasa. Por casualidad, ¿toca usted la trompeta?

-Sí, doctor, ¿por qué?

-Pues porque precisamente esa es la causa del dolor que usted tiene en la rodilla.

El hombre se tocó la rodilla, pensó un poco y luego dijo:

-Pero, doctor, ¿qué tiene que ver el tocar la trompeta con que la rodilla me duela?

El médico le miró muy serio y le dijo:

-Mire: Yo soy médico, he estudiado seis años de **medicina general** y cuatro de **especialidad** y sé que es así. Por lo tanto, no toque más esa trompeta si quiere curarse.

-Está bien -dijo el hombre, resignado-, usted es el **especialista**. Venderé la trompeta.

Cuando el paciente salió de la consulta, la enfermera, intrigada por el **diagnóstico**, le dijo al doctor:

-Pero, doctor, realmente yo no veo la relación entre la trompeta y el dolor de rodilla.

-La explicación es muy sencilla: Aunque él no lo sabe, vivimos en el mismo edificio y me vuelve loco cuando diariamente se pone a tocar la **maldita** trompeta.

EXPRESIONES Y LÉXICO

consulta: oficina o despacho donde los médicos reciben a los pacientes. 诊所
medicina general: estudios universitarios para poder ser médico. 全科医学
especialidad: estudios de medicina sobre algunas enfermedades concretas. 专长
especialista: en este caso, médico que sabe mucho acerca de una rama de la medicina. 专家
diagnóstico: decisión a la que llega un médico acerca la enfermedad que sufre el paciente. 诊断书
maldita: en este caso, que molesta. 该死的

ACTIVIDADES DE COMPRENSIÓN

¿Por qué fue el hombre a la consulta del médico ?

¿Qué hizo el médico?

¿Qué le preguntó finalmente al paciente?

¿Qué le respondió este?

¿Cuál era la causa del dolor en la rodilla?

¿Qué le preguntó el paciente al doctor?

¿Cuántos años había estudiado el médico?

¿Qué tenía que hacer el paciente si quería curarse?

¿Qué iba a hacer con la trompeta?

¿Quién se quedó intrigado por el diagnóstico?

¿Qué le preguntó la enfermera al doctor?

¿Por qué le había dado el doctor ese diagnóstico al paciente?

TEMAS PARA DEBATE

◇ Los estudios de Medicina en España y en otros países.

36 Cada uno en su sitio

各就各位

Cuando Tobías era alcalde de Villarriba, estuvo dos semanas en Madrid, **ingresado** en un hospital. Durante su ausencia, los concejales del ayuntamiento tuvieron una reunión en la que aprobaron el permiso de instalación de una **fábrica química** en el pueblo.

Tobías, como alcalde, siempre había estado en contra de la **concesión** del permiso porque la fábrica era **contaminante** y podía afectar a las aguas del pueblo. Sin embargo, los que querían instalar la fábrica consiguieron convencer a la mayoría de los concejales. A algunos de ellos los **persuadieron** entregándoles grandes cantidades de dinero.

Cuando Tobías volvió al pueblo, reunió a todos los concejales en el salón del ayuntamiento y les dijo:

-¡Todos los concejales de ese lado de la habitación son unos **corruptos** y los del otro lado son tontos!

Mariano, un concejal que era del mismo grupo político que Tobías, se levantó y gritó, indignado:

-Perdona, pero ¡yo no soy un corrupto!

-Entonces, cámbiate de lado, imbécil-, respondió Tobías.

EXPRESIONES Y LÉXICO

ingresar: meter a un enfermo en un hospital para tratar su enfermedad. 住院

fábrica química: empresa en la que se elaboran productos químicos. 化工厂

concesión: permiso para que alguien haga algo. 许可

contaminante: que causa daños o alteraciones en las cosas. 污染

persuadir: convencer. 说服

corrupto: persona que acepta dinero a cambio de favores. 腐败的

ACTIVIDADES DE COMPRENSIÓN

¿Dónde había estado Tobías durante dos semanas?

¿Quiénes tuvieron una reunión durante su ausencia?

¿Qué se decidió en esa reunión?

¿Contra qué había estado siempre Tobías?

¿A qué podía afectar la fábrica química?

¿Qué consiguieron los que querían instalar la fábrica?

¿Cómo convencieron a algunos concejales?

¿Qué hizo Tobías cuando llegó al pueblo?

¿Qué dijo a todos los concejales?

¿Quién era Mariano?

¿Qué le dijo Mariano a Tobías?

¿Qué le respondió Tobías?

TEMAS PARA DEBATE

◇ Contaminación y medio ambiente.
◇ Corrupción política.

37 Tobías en el cine

Un día, Tobías fue al cine, en la ciudad, a ver una película. Nunca había ido al cine antes, pero sabía que tenía que comprar la entrada en una **taquilla**, que solía estar en la puerta.

Así, Tobías se acercó a la ventanilla que había cerca de la puerta del cine, pidió una entrada y la pagó. La **taquillera** le **advirtió** que debía entrar rápidamente, porque la película iba a comenzar en pocos minutos.

A los pocos segundos, volvió Tobías a la ventanilla y pidió otra entrada. La taquillera se la vendió, pensando que iba a ver la película con otra persona. **Instantes** después, volvió a aparecer Tobías en la taquilla, muy enfadado y dispuesto a comprar otra entrada. Entonces la taquillera, por curiosidad, le preguntó:

-¿Se ha encontrado usted con más amigos?

-No –contestó Tobías, muy **molesto**-. Yo vengo solo.

-Entonces, ¿por qué compra usted tantas entradas?

-Porque en la puerta de la sala hay un hombre muy alto y muy fuerte que me las rompe cada vez que intento entrar.

EXPRESIONES Y LÉXICO

taquilla: despacho de billetes. 售票处
taquillera: vendedora de entradas que está situada en una ventanilla o taquilla. 售票员
advertir: avisar, aconsejar algo a alguien. 提醒
instante: momento, tiempo muy corto. 一会儿
molesto: incómodo, enfadado. 生气的

ACTIVIDADES DE COMPRENSIÓN

¿Para qué fue Tobías a la ciudad?

¿A dónde no había ido nunca Tobías?

¿Qué sabía Tobías sobre los cines?

¿Qué hizo al llegar al cine?

¿Qué le advirtió la taquillera?

¿Para qué volvió Tobías a la taquilla?

¿Qué pensó la taquillera?

¿Qué hizo Tobías al rato?

¿Iba Tobías solo?

¿Por qué compraba tantas entradas?

TEMAS PARA DEBATE

◇ La primera vez que hiciste algo: viajar en avión, ir al teatro, montar en bici....

38 El primero de la clase

班级第一

Aquella semana, Miguel, el hijo de Tobías, había obtenido el primer puesto en la escuela y el profesor le había felicitado delante de todos sus compañeros. Ser el primero de la clase es algo de lo que uno puede estar orgulloso y por eso Enrique, su íntimo amigo y compañero de clase, se extrañó al ver que Miguel estaba quemando su **boletín de notas** en el patio de la escuela.

-¿Por qué haces eso? -le preguntó Enrique-. Si les llevas las notas a tus padres, seguro que te comprarán dulces y caramelos y luego te darán dinero para ir al cine. Puede que incluso te hagan una fiesta.

-Es cierto -replicó Miguel-. Hoy me tratarán como a un rey, pero el resto de mi vida, cuando saque notas normales, como las que yo suelo sacar **usualmente**, les oiré lamentarse diciendo que soy un vago y que pudiendo ser el primero de la clase me contento con ser **uno del montón**. Me **reprocharán** que hubiera podido ser ingeniero o abogado y ganar mucho dinero y comprarles una buena casa para que vivan tranquilamente cuando sean viejos. Y si, por mi culpa, no tienen una buena casa, dirán que soy un mal hijo. Así que, puesto que no quiero **crear falsas esperanzas** ni hacerme la vida más incómoda, lo mejor que puedo hacer es quemar mis notas.

75

EXPRESIONES Y LÉXICO

boletín de notas: cuaderno en el que están escritas las calificaciones que el alumno ha obtenido en las diversas materias. 成绩单

usualmente: normalmente, habitualmente. 通常

uno del montón: una persona normal que no destaca. 平庸之辈

reprochar: quejarse de la conducta de alguien. 指责

crear falsas esperanzas: permitir que las personas se hagan ilusiones imposibles, creyendo que ocurrirá algo bueno. 有不切实际的幻想

ACTIVIDADES DE COMPRENSIÓN

¿Quién era Miguel?

¿Qué había obtenido aquella semana en la escuela?

¿Qué hizo el profesor?

¿Qué hizo Miguel después de recibir las notas?

¿Quién era Enrique?

¿Dónde quemó Miguel las notas?

¿Por qué se extrañó Enrique al ver a Miguel quemando las notas?

¿Cómo tratarían a Miguel sus padres aquel día?

¿Qué le reprocharían durante el resto de su vida?

¿Qué le dirían sus padres?

¿Qué era lo que no quería crear Miguel en sus padres?

¿Qué era lo mejor que podía hacer?

TEMAS PARA DEBATE

◇ El sistema de calificaciones.
◇ Las exigencias de los padres.

39 Juego de dados

掷骰子

En agosto se celebraban las fiestas de Villarriba, el pueblo de Tobías. En estas fechas la plaza mayor del pueblo se llenaba de **multitud** de **atracciones** y **casetas**.

Un lugar que **llamó** especialmente **la atención** de Tobías fue una pequeña **tómbola** en la que había el siguiente cartel:

PRUEBE SU SUERTE A LOS DADOS.

POR SOLO 10 EUROS PUEDE GANAR

ESTE MAGNÍFICO

COCHE **DESCAPOTABLE**

A Tobías siempre le habían gustado los coches descapotables: la gente elegante tiene coches descapotables y a las chicas les gusta pasear en ellos. Pensó que esta era su gran oportunidad de ganar un coche elegante. Además, él era un buen jugador de dados: siempre que jugaba con los amigos del bar, solía ganar.

La apuesta no era mucho, solo 10 euros. Y el premio era un coche que valía muchos miles de euros. Tobías se acercó al dueño de la tómbola, pagó el dinero y se sentó a una pequeña mesa. El hombre le dio los dados y le dijo:

-Pierde usted si saca un número del 1 al 5.

Tobías preguntó:

-Entonces, si saco un 6, ¿gano el coche?

El dueño de la tómbola contestó secamente:

-No, eso solo le da derecho a volver a tirar.

EXPRESIONES Y LÉXICO

multitud: gran cantidad de algo. 大量
atracciones: lugares en los que uno se divierte. 游艺场
caseta: barraca de feria. 货摊

77

llamar la atención: asombrar, producir una fuerte sensación. 引人注意的

tómbola: lugar en el que se rifan o sortean premios. 赌局

descapotable: coche en el que el techo se puede quitar y poner. 敞篷的

ACTIVIDADES DE COMPRENSIÓN

¿Cuándo se celebraban las fiestas en el pueblo de Tobías?

¿Qué le pasaba a Villarriba en esas fechas?

¿Qué atracción llamó la atención de Tobías?

¿Qué decía el cartel que anunciaba esa atracción?

¿Qué le gustaba a Tobías?

¿En qué era bueno?

¿Cuánto dinero tenía que apostar?

¿Cuánto valía el coche?

¿Qué hizo Tobías después de pagar al dueño de la tómbola?

¿Qué le dijo el hombre a Tobías?

¿Qué le preguntó Tobías?

¿Qué ocurría si Tobías sacaba un seis?

¿Qué número había que sacar para ganar el coche?

TEMAS PARA DEBATE

◇ Las fiestas de los pueblos.

◇ Verbenas y ferias de verano.

40 La taquillera gordita

胖乎乎的女售票员

Cuando era joven, a Tobías le gustaban mucho las **películas**, pero en su pueblo, en aquella época, aún no había salas de cine.

Tobías, como los demás vecinos de Villarriba, podía ver películas con ocasión de las fiestas del pueblo. Un hombre venía de la capital con un equipo de cine. Se usaba como pantalla la gran pared blanca de una de las casas de la plaza mayor. Todos los vecinos cogían sillas de sus casas y las llevaban a la plaza para sentarse. Las luces se apagaban y comenzaba la película. Tobías siempre soñaba con ser mayor y poder ir a un cine de la capital.

Por fin, cuando cumplió quince años, Tobías fue a la ciudad, acompañado de un par de amigos, a ver una película americana que muchos conocidos del pueblo le habían **recomendado**.

Cuando llegaron al cine, vieron que para comprar las entradas, había una **cola** delante de la taquilla. Tobías y sus amigos se pusieron también en la cola. Al aproximarse a la **ventanilla**, vieron que la taquillera era extraordinariamente gorda. Uno de los amigos, sorprendido, dijo:

-No me explico cómo habrá podido meterse ahí dentro, con lo pequeña que es la puerta de la taquilla.

En la cara de Tobías apareció una expresión de **suficiencia**, y dijo:

-¡Mira que eres burro e ignorante! Esa señorita está ahí dentro desde pequeñita.

EXPRESIONES Y LÉXICO

gordita: diminutivo, en este caso cariñoso, de *gorda*. 胖乎乎的

película: film. 电影

recomendar: aconsejar a alguien cierta cosa para bien suyo. 推荐

cola: fila o línea de personas colocadas una detrás de otra. 队

ventanilla: pequeña ventana de la taquilla, por donde se venden las entradas. 窗口

suficiencia: actitud de superioridad. 傲慢

ACTIVIDADES DE COMPRENSIÓN

¿Qué le gustaba a Tobías cuando era joven?

¿Qué es lo que no había en aquella época en Villarriba?

¿Cuándo veía Tobías películas en su pueblo?

¿Qué servía de pantalla para verlas?

¿Qué hacían todos los vecinos?

¿Para qué fue Tobías a la ciudad?

¿Con quién fue?

¿Qué había delante de la taquilla?

¿Cómo era la taquillera?

¿Qué dijo uno de los amigos de Tobías?

¿Qué apareció en la cara de Tobías?

¿Qué le contestó a su amigo?

TEMAS PARA DEBATE

◇ Las personas que "todo lo saben".

41 Una bofetada a Tobías

托叔挨了一耳光

Un día, Tobías y Severiana, su mujer, fueron a la ciudad. Allí visitaron a un amigo de Tobías que era abogado y trabajaba en un gran edificio de veinte pisos.

El edificio tenía cinco ascensores enormes, y en cada uno de ellos cabían diez personas. Así que Tobías y su mujer se metieron, con otras cinco personas, en un ascensor.

El ascensor paró en el sexto piso, donde montaron dos personas más. Una de ellas era una chica joven, rubia y muy guapa, que se colocó justamente entre Tobías y Severiana.

Tobías comenzó entonces a mirar fijamente a la muchacha, mientras su mujer se iba enfadando cada vez más. A los pocos segundos, la joven dio un grito, y, de inmediato, una gran bofetada en la cara a Tobías. Cuando Tobías y Severiana se bajaron del ascensor, Tobías, extrañado y avergonzado, dijo a su mujer:

- De verdad, no me explico qué es lo que ha ocurrido. Te juro que yo no le he hecho nada a esa joven.

Severiana le respondió, sonriendo:

-Te creo. He sido yo quien le ha dado un **pellizco**.

EXPRESIONES Y LÉXICO

bofetada: golpe dado en la cara de alguien, con la mano abierta. 耳光

pellizco: acción de pellizcar, coger entre el dedo pulgar y otro, una pequeña porción de piel y carne, apretándola para causar dolor. 掐

ACTIVIDADES DE COMPRENSIÓN

¿Con quién fue Tobías a la ciudad?

¿Qué hicieron allí?

¿Dónde trabajaba el amigo de Tobías?

¿Cuántos ascensores tenía el edificio?

¿Quién se subió en el mismo ascensor que Tobías y su mujer?

¿Qué hizo Tobías al ver a la guapa muchacha que se había colocado a su lado?

¿Qué le pasó a Severiana al darse cuenta?

¿Qué se oyó a los pocos segundos?

¿Qué hizo la joven?

¿Qué le dijo Tobías a su mujer al salir del ascensor?

¿Qué le confesó Severiana a Tobías?

TEMAS PARA DEBATE

◇ Situaciones embarazosas.

Cuando Tobías era joven, todavía era **frecuente** en su pueblo que los muchachos buscaran pareja con la ayuda de una casamentera. Esta era una mujer vieja y experimentada que conocía bien a todos los chicos y chicas del pueblo y también muchos datos sobre su **fortuna**, sus características físicas y su buen o mal carácter. Ello le permitía poner en relación a unos con otras.

Un día Tobías recibió la visita de la casamentera, que le dijo:

-Tobías, tengo para ti cualquier novia que puedas desear, exactamente como tú la quieras. En mi **agenda** hay todo tipo de mujeres: ricas y guapas, simpáticas o serias, listas o tontas.

Tobías respondió:

-A mí me gustaría casarme por amor, pero como soy tan pobre, tengo que buscar una novia con dinero. ¿Qué es lo que me puede ofrecer?

-Tengo la chica perfecta para ti, guapa y de buena familia, y te la puedo presentar cuando quieras.

-¿Qué **dote** tiene la chica?

-Dos mil euros por cada año que ha cumplido.

-¿Y cuántos años tiene?

-Tiene veinte años.

-Ah, entonces es demasiado joven para mí. **Averigüe** usted si esa joven tiene una hermana de 35 ó 40 años.

EXPRESIONES Y LÉXICO

frecuente: normal, común, habitual. 司空见惯的

fortuna: recursos económicos. 财富

agenda: libreta en la que se anotan fechas, direcciones, teléfonos y otros datos. 记事本

dote: conjunto de bienes y de dinero que tiene una mujer antes de casarse. 嫁妆

averiguar: enterarse de datos que no se conocían. 调查

ACTIVIDADES DE COMPRENSIÓN

¿Qué era usual en el pueblo de Tobías cuando él era joven?

¿Quién era la casamentera?

¿Qué conocía la casamentera?

¿Qué le ofreció a Tobías?

¿Qué contestó él?

¿Cómo era la chica perfecta que la casamentera había encontrado?

¿Cuál era la dote de la chica?

¿Qué preguntó Tobías?

¿Por qué rechazó a la chica?

¿Qué le pidió Tobías a la casamentera que averiguase?

TEMAS PARA DEBATE

◇ Matrimonio por amor y casamientos por interés.

43 El saco de peras

一袋子梨

Tobías tenía, **a las afueras** del pueblo, una pequeña **finca** en la que cultivaba frutas y verduras y en la que tenía algunos animales: dos docenas de gallinas, varios cerdos y un burro.

Un día, Tobías, llevando un **voluminoso** saco, pasó por la plaza del pueblo, **camino de** su casa. Sus amigos, que, como siempre, estaban de **tertulia** en el bar, le vieron pasar y uno de ellos le gritó:

–Tobías, acércate, deja eso en el suelo y tómate un vaso de vino con nosotros.

Tobías aceptó la invitación y dejó el saco en el suelo. Otro de los contertulios le preguntó:

–¿Qué llevas en ese saco tan enorme?, ¿no será hierba o paja para tu burro?

–No, no es hierba ni paja. Son peras, unas peras extraordinarias, buenísimas –le contestó Tobías.

El que había hecho la pregunta se acercó al saco e intentó levantarlo, pero no pudo. Asombrado, le dijo a Tobías:

–¿Cómo puedes llevar una carga tan pesada?

Tobías cogió el saco, lo levantó con esfuerzo y dijo:

–¡Es verdad! Si no hubieran sido de la finca del alcalde, seguro que no hubiera podido con ellas.

EXPRESIONES Y LÉXICO

a las afueras: en los alrededores del pueblo. 周边

finca: terreno cultivado. 庄园

voluminoso: de gran tamaño, muy grande. 大量的

camino de: hacia. 朝……走

tertulia: conversación, charla que mantiene un grupo de amigos sobre diversos temas. 茶话会

ACTIVIDADES DE COMPRENSIÓN

¿Qué llevaba Tobías a cuestas?

¿Por dónde pasó?

¿Hacia dónde se dirigía?

¿Qué le dijeron sus amigos?

¿Dónde estaban los amigos de Tobías?

¿Qué hizo él al ser llamado por sus amigos?

¿Qué le preguntó un contertulio?

¿Qué llevaba Tobías dentro del saco?

¿Qué hizo el contertulio?

¿Qué le preguntó el amigo tras intentar levantar el saco?

¿Qué dijo Tobías a su amigo?

TEMAS PARA DEBATE

◇ La curiosidad.

◇ El respeto a la propiedad ajena.

44 45 grados de calor

四十五度高温

En algunas partes de España hace mucho calor durante los meses de verano.

Era el mes de agosto y en Madrid hacía más de 45 grados de temperatura a la sombra. En aquella época, el **régimen político** vigilaba **estrechamente** a todos los ciudadanos sospechosos de tener opiniones contrarias a él.

Tobías había llegado a la estación del Norte, de Madrid, e iba por la calle **resoplando** y diciendo en voz muy alta:

-¡Esto es insoportable, esto es verdaderamente insoportable!

En ese momento se le acercaron por detrás dos hombres vestidos **de paisano**, con cara muy seria:

-Venga con nosotros -le dijo uno de ellos.

-¿Por qué? Yo no he hecho nada. ¿A dónde me llevan?

- A la comisaría -respondió el individuo que parecía de más edad-. Ha dicho usted que el régimen político de este país es insoportable.

-¿Qué tiene que ver aquí el régimen? ¡El calor es lo que es insoportable! -protestó Tobías.

-Ahí **te hemos cogido en mentira** -dijo el policía más joven-. El calor sí se puede soportar.

EXPRESIONES Y LÉXICO

régimen político: sistema de gobierno que tiene un país (dictadura, república, democracia, …). 政府

estrechamente: con mucho cuidado. 严密地

resoplar: respirar fuertemente. 气喘吁吁

de paisano: con ropa normal, sin uniforme. 便衣

coger a alguien en mentira: darse cuenta de que una persona está mintiendo. 揭穿谎言

ACTIVIDADES DE COMPRENSIÓN

¿Dónde hace mucho calor en verano?

¿Cuándo hacía mucho calor en Madrid?

¿En qué época se sitúa la historia?

¿Por dónde iba caminando Tobías?

¿Qué iba diciendo?

¿Qué eran los dos hombres que se le acercaron por detrás?

¿Qué le hicieron?

¿Qué dijo Tobías para defenderse?

¿Qué le contestaron los policías?

¿Qué era lo que sí se podía soportar?

TEMAS PARA DEBATE

◇ La libertad de expresión en las dictaduras.

45 Tobías en Egipto

托叔游埃及

Egipto ha sido siempre un país **turístico**, muy visitado por los europeos y por los americanos. Al menos una vez en la vida, todos **caen en la tentación** de conocer las gigantescas pirámides y de realizar un viaje en barco por el río Nilo.

Aquel año Tobías había conseguido ahorrar suficiente dinero y decidió pasar las vacaciones de verano en Egipto. Como es típico, al segundo día de estar en el Cairo, se organizó un viaje a las pirámides. Una vez allí, Tobías vio que se podía alquilar un camello para hacerse una foto encima de él.

Tobías notó que había unos camellos que costaban cinco dólares, mientras que otro costaba solo un dólar. Al ver esta **ganga**, fue corriendo a montarse en aquel camello. Después de darle el dólar al dueño, se montó sobre el animal y se hizo una foto. Pero cuando quiso bajarse del camello, este no **se agachaba**. Ante la **imposibilidad** de bajarse, Tobías se dirigió al dueño y le preguntó qué podía hacer. El dueño del camello le contestó:

-Siento las molestias señor, pero este camello es un animal muy **tozudo**. Si no consigue bajarse usted solo, puedo enviar a mi primo Abdul a buscar una escalera. Solo le cobrará veinte dólares.

EXPRESIONES Y LÉXICO

turístico: muy visitado por los turistas. 旅游的
caer en la tentación: dejarse influir por las ganas de hacer algo. 不禁要
ganga: cosa que puede conseguirse a menor precio del normal. 便宜货
agacharse: encogerse doblando mucho el cuerpo hacia la tierra. 弯腰
imposibilidad: dificultad que impide hacer algo. 不可能的事
tozudo: persona o animal terco, obstinado, que no obedece. 顽固的

ACTIVIDADES DE COMPRENSIÓN

¿A dónde fue Tobías de vacaciones?
¿Qué fue a visitar en Egipto?
¿Para qué quería alquilar un camello?

¿Cuánto costaba alquilarlos?

¿Costaban igual todos los camellos?

¿Cuánto le costó a Tobías subirse al camello?

¿Por qué no podía bajarse?

¿Quién era Abdul?

¿Qué podía ir a buscar Abdul?

¿Cuánto le costó en total a Tobías montarse en el camello?

TEMAS PARA DEBATE

◇ Negocios en torno al turismo.

46 Tobías, hombre de negocios

商人托叔

Tobías **se ganaba la vida** cómo podía. Trabajaba en todo. **A lo largo de** su vida había tenido muchos oficios y profesiones, pero **aspiraba** a ser un hombre de negocios.

Un hombre de negocios compra en un lugar cosas que estén baratas y las vende en otro lugar a un precio mayor. Severiana, la mujer de Tobías, le aconsejaba que no se metiera en negocios porque, según ella, no era lo suficientemente listo. Tobías quería demostrarle a su mujer y a toda su familia que era un hombre de negocios muy listo.

Finalmente Tobías llegó un día a su casa con la **cara radiante** y dijo:

-¿Os acordáis del perro que compré hace un semana por 10 euros? Pues hoy lo he vendido por 30.000 euros.

Severiana le miró, **desconfiada**, y dijo:

-¿Por 30.000 euros? Y... ¿dónde está el dinero?

-Bueno -dijo Tobías-, me han dado dos gatos de 15.000 euros cada uno.

EXPRESIONES Y LÉXICO

ganarse la vida: cobrar por trabajar, dinero para poder vivir. 谋生
a lo largo de: durante. 在······期间
aspirar: intentar, querer conseguir algo. 想要
cara radiante: cara de felicidad, muy alegre y satisfecha. 兴高采烈
desconfiado: persona que no se cree lo que los demás le dicen. 怀疑的

ACTIVIDADES DE COMPRENSIÓN

¿Cómo se ganaba la vida Tobías?
¿Qué había tenido a lo largo de su vida?
¿Qué aspiraba a ser?
¿Qué hacen los hombres de negocios?
¿Qué le aconsejó Severiana?
¿Por qué no quería ella que Tobías se metiera en negocios?

¿Cómo llegó un día Tobías a su casa?

¿Por cuánto había comprado el perro?

¿Por cuánto lo había vendido?

¿Qué le preguntó entonces Severiana?

¿Qué le habían dado a Tobías en vez de 30.000 euros?

TEMAS PARA DEBATE

◇ Buenos y malos negocios.

47 El mendigo virtuoso

作风正派的乞丐

Tobías volvía de estar toda la noche divirtiéndose con sus amigos. Habían pasado varias horas hablando y bebiendo.

Cuando iba caminando por la calle, se encontró con un hombre pobremente vestido, **demacrado** y con barba, que le dijo:

-¡Una **limosnita**, por amor de Dios!

-¡Seguro que la querrás para ir a gastártela en vino!

-No, señor, yo no bebo. En mi vida **me he emborrachado**.

-¡Entonces, para ir a **malgastarlo** con las mujeres…!

-No, señor, ¡yo no hago eso!

-Entonces, para jugártelo en el **bingo** o a las cartas.

-Tampoco, señor. Yo soy un tipo decente, ¡se lo juro! Toda mi vida he trabajado honradamente, nunca he fumado ni bebido, ni he gastado mi dinero con mujeres. Y mucho menos lo he **despilfarrado** en juegos de azar. Siempre he ido directamente de casa al trabajo y del trabajo a casa.

Tobías miró entonces al mendigo con interés y le dijo:

-Pues… ¡vente a mi casa! ¡Le voy a enseñar a mi mujer cómo acaba un hombre honrado!

EXPRESIONES Y LÉXICO

demacrado: muy delgado, flaco y con aspecto enfermo. 瘦弱不堪的
limosna: dinero que se da a los pobres y mendigos. 施舍
emborracharse: perder el sentido por haber bebido mucho alcohol. 喝醉
malgastar: (gastar mal) gastar dinero en cosas absurdas o innecesarias. 挥霍
bingo: juego parecido a la lotería. 宾果
despilfarrar: malgastar. 挥霍

ACTIVIDADES DE COMPRENSIÓN

¿Por dónde iba caminando Tobías?

¿A quién se encontró?

¿Cómo era el hombre que se encontró?

¿Qué le dijo el mendigo?

¿En qué iba a malgastar el dinero el mendigo, según Tobías?

¿Qué le respondió el mendigo?

¿Qué opinó Tobías después?

¿Qué le volvió a responder el mendigo?

¿Dónde se iba a jugar el dinero el mendigo, según Tobías?

¿Qué le contestó, desesperado, el mendigo?

¿Qué había hecho el mendigo toda su vida?

¿Qué le dijo Tobías?

¿Qué le iba a enseñar Tobías a su mujer?

TEMAS PARA DEBATE

◇ Alcoholismo. Ludopatía.

Uno de los hijos de Tobías, estaba afeitándose una mañana en el cuarto de baño, cuando oyó unas voces, procedentes del patio, que decían: *¡Anselmo, Anselmo, que tu **suegra** se está muriendo y la han llevado al hospital!*

El muchacho, muy nervioso, no pudo evitar cortarse la cara con la navaja de afeitar. Luego, sin pararse a coger una camisa, salió **en pantalones** a la calle, cogió una motocicleta que estaba aparcada junto a la puerta y se dirigió a toda velocidad hacia el hospital, con tan mala suerte que al girar en una calle, **resbaló** y se cayó de la moto, dándose un **tremendo** golpe.

Varios **transeúntes** acudieron a **socorrerle** y llamaron por teléfono a una ambulancia. Esta llegó al cabo de unos minutos, los enfermeros lo colocaron en una camilla y lo llevaron al hospital. Allí, un joven doctor le hizo una primera **cura**, **al tiempo que** le preguntaba la causa del accidente.

-Me está bien empleado, por atolondrado -respondió amargamente el hijo de Tobías-, porque no me llamo Anselmo, no estoy casado y lo que es peor, tampoco sé montar en moto.

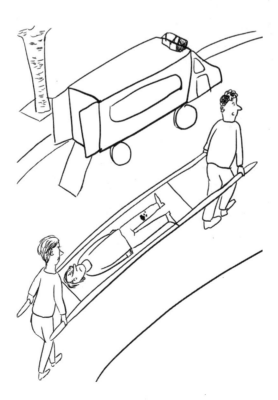

EXPRESIONES Y LÉXICO

atolondrado: despistado, que actúa precipitadamente. 惊慌失措的

suegra: madre del cónyuge (marido o mujer) de alguien. 岳母或婆婆

en pantalones: vestido solo con los pantalones. 光着膀子

resbalar: deslizarse sobre el suelo y caerse. 滑倒

tremendo: enorme, muy grande. 巨大的

transeúnte: persona que anda por la calle. 路人

socorrer: auxiliar, ayudar a alguien que se encuentra herido o en peligro. 救助

cura: cuidado, limpieza de las heridas. 治疗

al tiempo que: a la vez que, al mismo tiempo que. 与此同时

ACTIVIDADES DE COMPRENSIÓN

¿Qué estaba haciendo una mañana un hijo de Tobías en el cuarto de baño?

¿Qué decían las voces que oyó?

¿Qué le pasó al muchacho después de ponerse nervioso?

¿Cómo salió a la calle?

¿Para qué cogió una motocicleta?

¿Por qué se cayó?

¿Quiénes llamaron a una ambulancia?

¿Qué le preguntó el doctor al hijo de Tobías?

¿Qué le contestó él?

TEMAS PARA DEBATE

◇ Actuar con precipitación.

49 Un hombre olvidadizo

健忘的男人

El señor y la señora Martínez llevaban casados cuarenta y dos años. Habían tenido dos hijos y una hija. El hijo mayor trabajaba en los Estados Unidos como **experto** en informática. El hijo menor estudiaba **derecho** en Madrid y la hija estaba casada y vivía en la misma ciudad. Por esta razón, el señor y la señora Martínez vivían solos.

El señor Martínez estaba ya **jubilado** y pasaba en casa la mayor parte de su tiempo, entretenido con su colección de **sellos**. La señora Martínez, que anteriormente salía a menudo con sus amigas, recientemente había dejado de hacerlo. La razón era que la **sirvienta** que habían tenido durante muchos años se había jubilado y ella misma tenía que cuidar de la casa. Los trabajos de la casa no eran muchos, pero, por falta de costumbre, le ocupaban todo su tiempo.

Un día, la señora Martínez **riñó** a su marido:

-Andrés, eres un **descuidado incorregible**: hace un mes te di una carta para que la echaras al correo y acabo de encontrarla ahora en el bolsillo de tu chaqueta.

-Tienes razón -respondió el señor Martínez-, pero **da la casualidad** de que ese mismo día te di la chaqueta para que le cosieras un botón y hasta ahora no me la has devuelto.

EXPRESIONES Y LÉXICO

experto: persona que sabe mucho de una cosa. 专家

derecho: carrera universitaria para obtener la titulación de abogado. 法律

jubilado: persona que al llegar a una cierta edad, ya no tiene que trabajar más y vive de una pensión que le da el Estado. 退休

sellos: estampillas que se pegan en las cartas. 邮票

sirvienta: mujer que trabaja en una casa limpiando, haciendo la comida, cuidando de los niños… 佣人

reñir: regañar a alguien, hacerle ver que no está actuando bien. 斥责

descuidado: persona que hace las cosas sin cuidado. 粗心的

incorregible: que no se puede corregir, que no se puede arreglar. 无可救药的

dar la casualidad: ocurrir, suceder. 发生

ACTIVIDADES DE COMPRENSIÓN

¿Cuántos años llevaban casados el señor y la señora Martínez?

¿Cuántos hijos tenían?

¿Dónde trabajaba el hijo mayor?

¿Qué hacía el hijo menor?

¿Dónde vivía la hija?

¿Qué hacía el señor Martínez?

¿Dónde pasaba la mayor parte de su tiempo?

¿En qué se ocupaba la señora Martínez?

¿Por qué cuidaba ella sola de la casa?

¿Por qué riñó la señora Martínez al señor Martínez?

¿Qué respondió el señor Martínez a su mujer?

TEMAS PARA DEBATE

◇ La jubilación.
◇ Hobbies.

La novia escocesa

苏格兰女友

Los escoceses tienen, en otros países, fama de ser **tacaños**. Ellos, por el contrario, opinan de sí mismos que son austeros y ahorradores.

Escocia es un país montañoso y durante muchos siglos, para poder vivir dignamente, los escoceses tuvieron que administrarse bien y no despilfarrar su dinero.

En una ocasión, un joven escocés entró en la oficina de telégrafos de su pueblo para poner un **telegrama**, pidiéndole que se casara con él, a una chica que había conocido recientemente. Entregó el telegrama a la señorita de la ventanilla y se sentó a esperar.

Durante la espera se hizo amigo de la empleada de telégrafos, que era una mujer simpática. El joven se quedó allí todo el día esperando la respuesta, que no llegó hasta las seis y media de la tarde.

Ante la **tardanza** de la contestación, la empleada de telégrafos se atrevió a decir:

-¿Está seguro de lo que va a hacer? Piénselo bien. Parece que la chica no se ha dado ninguna prisa en contestar. Lo ha dudado mucho. Quizá no es la mujer que a usted le conviene...

-¡Ah -replicó el joven-, es precisamente la mujer que me conviene! No **tiene la cabeza llena de pájaros**, como la mayoría de las chicas de hoy. Ha esperado a la **tarifa** nocturna, como haría cualquier persona sensata.

EXPRESIONES Y LÉXICO

escocés: natural de Escocia. 苏格兰的

tacaño: avaro, persona a la que le cuesta mucho gastarse el dinero. 吝啬的

telegrama: comunicación postal urgente, escrita con pocas palabras. 电报

tardanza: retraso, demora. 迟到

tener la cabeza llena de pájaros: ser una persona superficial y fantasiosa, con poco sentido de la realidad. 不切实际的

tarifa: precio fijo que tienen las cosas. 价目表

ACTIVIDADES DE COMPRENSIÓN

¿De qué tienen fama los escoceses?

¿Qué opinan ellos de sí mismos?

¿Cómo es Escocia?

¿Qué tenían que hacer los escoceses para vivir dignamente?

¿A dónde llegó el joven escocés?

¿A quién le iba a poner el joven un telegrama?

¿Para qué?

¿Qué hizo después de dar el telegrama a la señorita de la ventanilla?

¿Cuándo llegó la respuesta de la chica?

¿Qué dijo la empleada de telégrafos ante la tardanza?

¿Por qué era esa chica la mujer perfecta para el escocés?

TEMAS PARA DEBATE

◇ Tópicos sobre las virtudes y defectos de los países.

El nuevo director una compañía aérea norteamericana decidió hacer una **promoción** de los vuelos a Europa. Su idea fue ofrecer un **descuento** del 50 % en el precio del billete de avión, para las esposas que acompañasen a sus maridos en sus viajes de negocios.

El director discutió con sus colaboradores cuál sería la mejor manera de lanzar la publicidad de la nueva oferta. A alguien se le ocurrió que sería un buen aliciente para la publicidad presentar algún **testimonio** de las esposas que ya hubiesen disfrutado de este descuento, así que se decidió mandar una carta a las de los cincuenta primeros hombres de negocios que habían viajado en estas condiciones.

En la carta se pedía a las esposas que escribieran una breve nota sobre su estancia en Europa, sus **impresiones** del viaje y lo agradable que resultaba viajar con sus maridos.

Como **compensación** por las molestias de escribir sus impresiones, la compañía aérea **sortearía**, entre todas las esposas que respondieran, diez viajes gratuitos de cinco días a París o a Londres, con todos los gastos pagados.

Sin embargo, el **inesperado** resultado fue que la mayoría de las esposas respondieron diciendo que ellas no habían hecho ningún viaje y que otras llamaron por teléfono, intrigadas, preguntando: *¿A qué viaje se refieren ustedes?*

EXPRESIONES Y LÉXICO

compañía: empresa, firma; en este caso, líneas aéreas. 公司

promoción: fomento, desarrollo de una actividad comercial. 促销

descuento: reducción, rebaja en el precio de algo. 打折

testimonio: manifestación de una persona acerca de una experiencia vivida. 证词

impresión: recuerdo que queda en la mente, tras haber realizado una experiencia. 印象

compensación: recompensa, algo que se da a cambio de otra cosa. 补偿

sortear: rifar, determinar mediante el azar a quién le corresponderá algo. 抽奖

inesperado: que sucede sin estar previsto. 意外的

ACTIVIDADES DE COMPRENSIÓN

¿Quién decidió lanzar una nueva promoción?

¿A qué vuelos se aplicaba la promoción?

¿En qué consistía?

¿Qué discutió el director con sus colaboradores?

¿Qué quedaría muy bonito para la publicidad?

¿A quiénes mandaron las cartas?

¿Qué tenían que escribir las esposas?

¿Cuál era el premio que iban a recibir?

¿Qué respondieron las esposas?

¿Qué preguntaban algunas esposas cuando llamaron por teléfono?

TEMAS PARA DEBATE

◇ Campañas y promociones publicitarias.

◇ Los viajes de los ejecutivos.

52 En el manicomio

Una periodista muy guapa visitó, en una ocasión, el **manicomio** de la ciudad para hacer un extenso **reportaje**, en el que estuvo ocupada varios días.

En los pasillos, salones y jardines del manicomio vio a muchos pacientes. Unos jugaban, otros escuchaban música, otros hablaban solos y, en general, todos parecían **pacíficos**.

Sin embargo, mientras recorría el edificio, **se cruzó** varias veces con una señora de mediana edad, que le dirigía siempre una **mirada asesina**. En una ocasión, estando la periodista acompañada del director, se cruzaron con la mujer y esta volvió a **mirarla fijamente** con expresión de odio.

La periodista preguntó al director:

-¿Se ha fijado usted en la mirada que tiene esa señora?

-Sí, conozco bien esa mirada —respondió el director.

-¿Es peligrosa esa mujer?

-A veces, sí. Muy peligrosa.

-Y ¿por qué no la encierra bajo llave?

-No puedo, es mi mujer.

EXPRESIONES Y LÉXICO

manicomio: hospital en el que viven las personas con enfermedades mentales. 疯人院

reportaje: informe periodístico que se hace sobre un lugar o sobre una persona importante. 报告

pacífico: que no es violento. 和气的

cruzarse: encontrarse con alguien. 碰到

mirada asesina: mirada que muestra odio e intenciones agresivas. 恶狠狠的眼神

mirar fijamente: mirar sin apartar la vista. 死盯着

ACTIVIDADES DE COMPRENSIÓN

¿Qué visitó la guapa periodista?

¿Para qué visitó ese lugar?

¿Dónde estaban los pacientes que vio?

¿Qué estaban haciendo los pacientes?

¿Cómo eran los pacientes en general?

¿Con quién se cruzó varias veces la periodista?

¿Qué le dirigía la mujer cada vez que se cruzaba con ella?

¿Quién acompañaba a la periodista cuando se volvió a cruzar con la mujer?

¿Cómo miró la mujer a la periodista?

¿Qué preguntó la periodista al director del manicomio?

¿Era peligrosa la mujer?

¿Por qué no podían encerrarla bajo llave?

TEMAS PARA DEBATE

◇ Las "residencias para enfermedades mentales".

El director de una gran empresa **convocó** a las **aspirantes** a la plaza de secretaria. Para asegurar una buena elección, la empresa contrató a un psicólogo que hizo pasar a las candidatas por una prueba:

-¿Cuánto es cuatro y cuatro?

La primera respondió inmediatamente:

-¡Ocho!

La segunda pensó un poco y dijo:

-¡Cuarenta y cuatro!

La tercera reflexionó durante unos segundos y finalmente contestó:

-Depende, puede ser ocho o cuarenta y cuatro.

El psicólogo comunicó los resultados al director:

-La primera ha contestado **llanamente**; la segunda y la tercera pensaron que había una trampa y quisieron demostrar que eran muy listas. ¿Qué opina usted?

-Que el puesto se le voy a dar a la que tiene mejor recomendación. Y la mejor recomendación, por desgracia, la tiene la morena con gafas, que es la prima de mi mujer.

EXPRESIONES Y LÉXICO

convocar: llamar a alguien para que acuda a un lugar. 召集
aspirante: persona que se presenta para conseguir un empleo. 候选人
llanamente: con sencillez y sinceridad. 简单直接地

ACTIVIDADES DE COMPRENSIÓN

¿Quién convocó a las aspirantes?
¿Para qué fueron convocadas?
¿Para qué había contratado la empresa a un psicólogo?
¿Qué tenían que pasar las candidatas?

¿Qué les preguntó el psicólogo a las aspirantes?

¿Qué contestó la primera?

¿Qué contestó la segunda?

¿Qué contestó la tercera?

¿Qué comunicó el psicólogo al director?

¿Cuáles de las aspirantes creían que la pregunta tenía truco?

¿A quién iba a contratar el director?

¿Por qué tenía el director que contratar a esa aspirante?

TEMAS PARA DEBATE

◇ Las pruebas de selección de personal.
◇ Entrevistas de trabajo.

54 Veterinario

兽医

Tobías se sentía muy enfermo: frecuentemente le dolía la **barriga** y constantemente sentía mareos y **malestar general.**

Su mujer, Severiana, le insistía para que fuera al médico, pero Tobías tenía mucho miedo a los médicos y a los hospitales y por esta razón no **hacía caso** a su mujer. Además Tobías odiaba a los médicos porque, según él, eran unos burros ignorantes.

Como los dolores eran cada vez más fuertes, Severiana llamó a varios vecinos y parientes y entre todos llevaron a Tobías al hospital a la fuerza.

Una vez en el hospital, Tobías fue instalado en una habitación, donde un médico le hizo las usuales preguntas sobre qué es lo que le dolía y desde cuándo se sentía mal. Tobías, que era muy **testarudo**, se limitó a mirar fijamente al médico sin decir una palabra.

Finalmente el médico salió al pasillo y, dirigiéndose a la mujer de Tobías, dijo:

–Señora, su marido es muy testarudo, no me quiere decir qué es lo que le duele.

–Pues averígüelo usted, doctor –respondió la mujer de Tobías–, que para eso le pagan.

–Para eso, señora –dijo el doctor–, será mejor que lo lleve a un veterinario, que esos sí que **recetan** sin necesidad de preguntar a los enfermos.

EXPRESIONES Y LÉXICO

veterinario: médico que atiende y cura a los animales. 兽医

barriga: abdomen, parte del cuerpo donde están el estómago y los intestinos. 肚子

malestar general: sensación de molestias en todo el cuerpo. 浑身不舒服

hacer caso: seguir las indicaciones que a alguien le da otra persona. 理会

testarudo: persona que no es fácil de convencer. 固执己见的

recetar: determinar la medicación adecuada para un enfermo. 开药方

ACTIVIDADES DE COMPRENSIÓN

¿Qué le pasaba a Tobías?

¿En qué le insistía su mujer?

¿Qué le daba miedo a Tobías?

¿Por qué llamó Severiana a varios vecinos y parientes?

¿A dónde llevaron los vecinos y parientes a Tobías?

¿Dónde fue instalado Tobías en el hospital?

¿Qué le preguntó el médico?

¿Qué se limitó a hacer Tobías?

¿Qué le dijo el médico a Severiana?

¿Qué le contestó la mujer de Tobías al médico?

¿A dónde le aconsejó el médico que llevara a su marido?

¿Qué hacen los veterinarios?

TEMAS PARA DEBATE

◇ Médicos y veterinarios.

◇ Buenos y malos enfermos.

55 Tobías, repartidor de la confitería
糖果店的派送员

A los trece años de edad, Tobías tuvo su primer trabajo en una **confitería** de su pueblo. La confitería se llamaba *La Dulce Alianza* y en ella el dueño, don Elías, vendía todo tipo de tartas, pasteles y dulces.

El trabajo de Tobías consistía en llevar pasteles a las fiestas, tartas a los cumpleaños o a cualquier celebración especial que tuviera lugar en el pueblo, o simplemente, en entregar en las casas los **pedidos** que la gente hacía. Ser repartidor de una confitería era el trabajo con que cualquier chico soñaba.

Al enterarse los amigos de Tobías, le dijeron:

-Tobías, ¡qué suerte tienes! Seguro que entre **reparto** y reparto, **te hartas** de pasteles y caramelos.

Tobías les contestó:

- No, hombre, no soy tan tonto. Si hubiera hecho eso, no habría durado ni dos días en el **empleo**. Don Elías es un hombre muy **avaro,** que cuenta siempre todos los caramelos y los pasteles.

-Entonces, ¿qué haces? No tiene ningún interés trabajar en una confitería, si no puedes comerte ningún pastel.

-Bueno –dijo Tobías-, **me conformo con** chuparlos un poco.

EXPRESIONES Y LÉXICO

repartidor: persona, normalmente un chico, que lleva a los clientes lo que estos han comprado. 派送员

confitería: establecimiento en el que se hacen y venden dulces. 糖果店

pedidos: encargos, cosas pedidas a una tienda. 订单

reparto: distribución de los productos que se han comprado. 派送

hartarse: comer gran cantidad de algo. 吃腻

empleo: puesto de trabajo. 工作

avaro: persona que quiere poseer y adquirir mucha riqueza para guardarla. 吝啬的

conformarse con: aceptar algo inferior a lo que se esperaba. 忍，知足

ACTIVIDADES DE COMPRENSIÓN

¿Con cuántos años tuvo Tobías su primer trabajo?

¿En qué consistía?

¿Cómo se llamaba la confitería?

¿Qué se vendía en ella?

¿Qué le dijo a Tobías su amigo, al enterarse de su nuevo trabajo?

¿Cómo se llamaba el jefe de Tobías?

¿Cómo era el dueño de *La dulce alianza*?

¿Qué hacía siempre don Elías?

¿Con qué se conformaba Tobías?

TEMAS PARA DEBATE

◇ El primer trabajo.

En una ocasión, Tobías se puso muy enfermo y toda su familia pensó que se iba a morir. Junto a su **lecho de muerte** se reunieron toda la familia y los amigos.

El **moribundo** habló con gran dificultad:

-No olvidéis que nuestro vecino, el **sastre**, me debe 1,000 euros.

Severiana, la mujer de Tobías, se volvió y dijo a los presentes:

-Vosotros sois **testigos** de que el sastre nos debe 1,000 euros.

-Y el comerciante Figueroa me debe 2,500 euros por unos trabajos que hice en su casa -prosiguió Tobías.

De nuevo la mujer se volvió hacia los presentes y dijo:

-También sois testigos de que el comerciante Figueroa nos debe 2,500 euros.

-Y tampoco olvidéis que yo debo 6,000 euros al tendero Espinosa. No quiero irme de este mundo debiéndole dinero a una persona tan amable, que nos ha **fiado** la comida durante años.

-¡Oh, mi pobre marido -exclamó Severiana, muy alterada- está tan mal que ha **perdido la cabeza** y dice ya **auténticas** locuras!

EXPRESIONES Y LÉXICO

lecho de muerte: cama en la que una persona se muere. 临终床榻

moribundo: persona que se está muriendo. 垂死的

sastre: hombre que cose y hace ropa. 裁缝

testigo: persona que ve cómo ocurre algo y puede, después, declarar lo que ha pasado. 证人

fiar: entregar algo a crédito. 赊给

perder la cabeza: volverse loco. 失去理智

auténtico: verdadero. 真正的

ACTIVIDADES DE COMPRENSIÓN

¿Qué le pasó a Tobías?

¿Qué pensó toda su familia?

¿Quiénes se reunieron alrededor del lecho de muerte?

¿Cómo habló Tobías?

¿Qué dijo en primer lugar?

¿Hacia quién se volvió la mujer de Tobías?

¿Qué dijo Severiana?

¿Quién le debía 2,500 euros a Tobías?

¿Cuánto le debía Tobías al tendero Espinosa?

¿Cómo reaccionó Severiana cuando Tobías dijo que debía 6,000 euros?

TEMAS PARA DEBATE

◇ Las deudas.

57 Una carta anónima

匿名信

La gente utiliza los **anónimos** para atacar **impunemente** a otras personas, o bien para enviar a los maridos información, verdadera o falsa, sobre las mujeres o **viceversa**.

En la tertulia de Tobías había un tal Remigio, que trabajaba como secretario del ayuntamiento. Remigio era un hombre muy **rencoroso**, que no perdonaba a Tobías que tuviera más simpatía y más **agudeza de ingenio**. Remigio se consideraba muy culto y quería siempre opinar sobre todo y tener razón. Aunque casi nunca conseguía convencer a nadie, porque Tobías sabía **persuadir** mejor a la gente.

Naturalmente, Remigio odiaba a Tobías.

Un día hubo una **apasionada** discusión, en la que Tobías quedó claramente vencedor. Pocos días más tarde, Tobías recibió una carta anónima en la que solo estaba escrita una palabra: IMBÉCIL. Al día siguiente, en la tertulia, en la que estaba presente Remigio, Tobías sacó la carta de su bolsillo, la mostró a todos los contertulios y fijando sus ojos con especial atención en el sospechoso, comentó:

-Fijaos qué cosa más rara me ha sucedido. En mi vida he recibido muchas cartas sin firma, pero ayer, por primera vez, recibí una firma sin carta.

EXPRESIONES Y LÉXICO

anónimo: que no tiene autor conocido. 匿名的
impunemente: sin castigo. 不受惩罚地
viceversa: al contrario, en sentido opuesto. 反之
rencoroso: que no olvida las ofensas. 记仇的
agudeza de ingenio: perspicacia o viveza de imaginación. 机智
persuadir: convencer, influir en la opinión de otro. 说服
apasionado: con mucha intensidad. 激烈的

ACTIVIDADES DE COMPRENSIÓN

¿Para qué utiliza la gente los anónimos?

¿A quién se envía información verdadera o falsa?

¿Quién era Remigio?

¿Dónde trabajaba?

¿Qué era lo que no perdonaba a Tobías?

¿Cómo se consideraba Remigio?

¿Por qué no conseguía nunca convencer a nadie?

¿En qué salió vencedor Tobías?

¿Qué recibió Tobías unos días después?

¿Qué palabra estaba escrita en la carta?

¿A quién se la enseño Tobías?

¿A quién miró Tobías con especial atención?

¿Qué comentó a sus amigos?

TEMAS PARA DEBATE

◇ Amistad y enemistad.

58

El catador de whisky

威士忌品酒师

La capital de la provincia era una ciudad de más de 200,000 habitantes, con una universidad antigua, en la que estudiaban varios miles de jóvenes.

En la ciudad había multitud de bares en los que los estudiantes pasaban largas horas bebiendo y charlando, especialmente los fines de semana.

Cierto día, Tobías, que había ido a la ciudad a visitar a su hijo, se encontró **accidentalmente** en la calle con su viejo amigo Antonio. Antonio era conocido en el pueblo por su afición a la bebida. Tobías era un buen bebedor, pero reconocía que Antonio era mejor bebedor que él.

Al verlo en la calle, Tobías se alegró y le preguntó:

-¿En qué trabajas ahora?

-Soy experto en whisky escocés -respondió Antonio.

-¿Y en qué consiste exactamente tu trabajo?

-Pues muy sencillo: Trabajo para una **cadena de bares**. Todos los días **recorro** uno a uno los bares de la ciudad y voy probando el whisky. Si descubro que en algún bar el whisky es auténtico, **automáticamente** despiden al encargado.

EXPRESIONES Y LÉXICO

catador: persona que prueba la calidad de las bebidas alcohólicas. 品酒师

accidentalmente: por casualidad, inesperadamente. 偶然地

cadena de bares: conjunto de bares que pertenecen al mismo dueño. 酒吧连锁

recorrer: hacer un itinerario. 巡视

automáticamente: al instante, solo con eso. 立即

ACTIVIDADES DE COMPRENSIÓN

¿Cuántos habitantes tenía la capital de la provincia?

¿Qué había en la ciudad?

¿Dónde pasaban los jóvenes largas horas?

¿A quién había ido a visitar Tobías en la ciudad?

¿Con quién se encontró accidentalmente?

¿Por qué era conocido Antonio en el pueblo?

¿Qué reconocía Tobías?

¿En qué trabajaba Antonio?

¿Para quién trabajaba?

¿Qué hacía todos los días?

¿Qué pasaba si Antonio descubría que el whisky era auténtico?

TEMAS PARA DEBATE

◇ El consumo de bebidas alcohólicas.

Los hipocondríacos son personas que siempre creen que están enfermos, aunque en realidad no les pasa nada. La hipocondría es una enfermedad mental, ya que los que la sufren se preocupan **constantemente** y **se angustian** por su salud.

Tobías tenía una buena salud. **Solo raramente** cogía un resfriado o una gripe. A pesar de ello, estaba convencido de que tenía todas las enfermedades. Cuando algún compañero o amigo contaba en el bar que sufría una enfermedad, Tobías empezaba a sentir de inmediato los mismos **síntomas** que había contado la otra persona.

Un día llegó Tobías muy alterado a la consulta del médico del pueblo, el doctor Balbuena, y le dijo:

-¡Doctor, doctor!, acabo de coger una enfermedad del riñón.

-Pero, Tobías -dijo el doctor, un poco extrañado-, ¿cómo puedes estar tan seguro de que tienes una enfermedad del riñón, si cuando de verdad se tienen enfermedades de riñón, al principio no se siente ningún dolor ni malestar?

-¡Ay, doctor! -dijo Tobías, asustado- ¡Esos son precisamente mis síntomas!

EXPRESIONES Y LÉXICO

constantemente: continuamente, siempre, en todo momento. 经常地

angustiarse: preocuparse mucho por algo. 焦虑

solo raramente: en muy pocas ocasiones. 极少

síntoma: alteración del organismo que revela una enfermedad y sirve para determinar su naturaleza. 症状

ACTIVIDADES DE COMPRENSIÓN

¿Qué son los hipocondríacos?

¿Qué es la hipocondría?

¿Cómo era la salud de Tobías?

¿Qué cogía de vez en cuando?

¿Qué le pasaba cuando sus amigos hablaban de sus enfermedades?

¿A dónde llegó Tobías muy alterado?

¿Qué le dijo Tobías al doctor Balbuena?

¿Qué le respondió el doctor?

¿Qué dijo entonces Tobías, asustado?

¿Cuáles eran los síntomas que sentía?

TEMAS PARA DEBATE

◇ Aprensivos e hipocondríacos.

60 Fiesta en el palacio presidencial

总统府的庆典

En el palacio presidencial de un cierto país se celebra una **recepción**, en **conmemoración** del día de la Independencia. El jefe de la junta militar recibe el aviso de que un invitado, el embajador de un país amigo, quiere verle urgentemente para presentar una queja. Cuando el embajador se acerca, el jefe de la junta militar le dice, muy **atento**:

-He oído que quiere presentar una reclamación, señor embajador, ¿es cierto?

-Sí, excelencia: en esta fiesta me acaban de robar un reloj de oro muy valioso.

-¡Es increíble! ¿Sospecha usted de alguien?

-Creo que me lo robó ese señor que lleva una flor blanca en el smoking.

-Pero... ¡ese es mi ministro de justicia!

-Lo siento mucho, excelencia, quizá me equivoque...

El jefe de la junta militar se aleja unos minutos y vuelve, al cabo de un rato, con un reloj de oro en la mano.

-¿Es este su reloj?

-Sí, excelencia. Pero... ¿qué ha dicho el ministro?

-Nada. Ni siquiera se ha dado cuenta.

EXPRESIONES Y LÉXICO

recepción: fiesta a la que se invita a varias personas, generalmente para celebrar algo. 招待会
conmemoración: celebración que se realiza en recuerdo de alguien o de algo. 纪念
atento: con mucha amabilidad e interés. 殷勤的

ACTIVIDADES DE COMPRENSIÓN

¿Para qué se había organizado la recepción?

¿A quién informaron de una visita urgente?

¿Quién venía a visitar urgentemente al jefe de la junta militar?

¿Para qué venía el embajador a visitarle?

¿Qué preguntó el jefe de la junta militar al embajador?

¿Qué le habían robado al embajador?

¿Cómo iba vestido el supuesto ladrón?

¿Quién era el supuesto autor del robo?

¿Qué contestó el embajador al jefe de la junta cuando se enteró de la categoría del sospechoso?

¿Qué hizo el jefe de la junta después de hablar con el embajador?

¿Qué preguntó el jefe de la junta al embajador?

¿Qué había dicho el ministro de justicia?

TEMAS PARA DEBATE

◇ Las apariencias engañan.

61 La astucia de las mujeres

女人的精明

La **conducta** de Tobías había cambiado en las últimas semanas: Salía de casa todas las mañanas muy temprano y volvía muy tarde por la noche.

Aunque normalmente era un hombre **desaliñado**, últimamente había transformado su aspecto: Se había comprado una chaqueta elegante y deportiva. También había ido a un nuevo peluquero para que le hiciera un corte de pelo más moderno. Normalmente llevaba camisas de color oscuro, pero ahora le gustaban las camisas **llamativas**.

También su carácter había cambiado. Ahora era más activo, bromeaba y sonreía constantemente.

Al llegar una noche a casa, Severiana, su mujer, le miró fijamente y dijo:

-Tienes una mancha roja en el cuello de la camisa.

-Naturalmente que no –dijo, muy seguro, Tobías.

-Efectivamente, no hay tal mancha en tu camisa -dijo su mujer-, pero ya has contestado a mi pregunta.

EXPRESIONES Y LÉXICO

conducta: forma de comportarse. 举止
desaliñado: que no se arregla ni viste elegantemente. 邋遢
llamativo: con dibujos y colores alegres. 显眼的

ACTIVIDADES DE COMPRENSIÓN

¿Qué había cambiado en las últimas semanas?

¿Cuándo salía Tobías de su casa?

¿Cómo era normalmente?

¿Qué se había comprado?

¿Para qué había ido a un nuevo peluquero?

¿Con quién se encontró al llegar a su casa?

¿Qué le dijo Severiana a su marido?

¿Qué le contestó él?

¿Por qué estaba tan seguro de que no tenía una mancha en la camisa?

¿Cómo se delató Tobías?

TEMAS PARA DEBATE

◇ Infidelidades conyugales.

Melquíades era un **feligrés** de don Cosme, el **párroco** de Villarriba. Era un hombre muy creyente, que toda su vida había **asistido regularmente** a la iglesia. Sin embargo, al cumplir cien años, dejó repentinamente de ir a la iglesia.

Don Cosme, que sabía que Melquíades no había faltado un solo domingo a **misa** desde que él era sacerdote en Villarriba, pensó que el anciano tendría algún problema de salud, debido a su **avanzada edad** y decidió ir a visitarlo a su casa.

Cuando llegó a casa de Melquíades, llamó a la puerta repetidamente, pero nadie contestó. Don Cosme se preocupó, temiendo que a Melquíades le hubiera ocurrido algo muy grave y decidió ir inmediatamente a buscar a un médico. También pensó que quizá fuera necesario llamar a la policía, para que abriera la puerta de la casa. Sin embargo, al pasar junto al huerto, vio a Melquíades regando tranquilamente sus **hortalizas**.

-Melquíades, me alegro mucho de ver que estás bien -dijo don Cosme-. Pero ¿por qué has dejado de ir a la iglesia, después de tantos años?

-Verá, señor cura, he pensado que si he llegado a cumplir cien años, es porque Dios se ha olvidado de mí. Así que no quiero aparecer por la iglesia, para evitar que, al verme, se extrañe de que todavía esté yo en este mundo.

EXPRESIONES Y LÉXICO

longevidad: cualidad de las personas que tienen muchos años de edad. 长寿

feligrés: miembro de un grupo religioso, de una iglesia. 教徒

párroco: sacerdote que dirige y administra una parroquia. 教区牧师

asistir: ir, acudir. 参加

regularmente: con frecuencia, normalmente. 常常

misa: celebración eucarística de la Iglesia católica. 弥撒

avanzada edad: vejez. 老年

hortaliza: planta comestible que se cultiva en las huertas. 蔬菜

ACTIVIDADES DE COMPRENSIÓN

¿Quién era Melquíades?

¿Cómo era?

¿Qué hizo al cumplir cien años?

¿Qué pensó don Cosme al no ver a Melquíades en la iglesia?

¿Qué decidió hacer don Cosme?

¿Por qué se preocupó?

¿Qué temía el párroco?

¿A quién era necesario llamar?

¿Dónde estaba Melquíades?

¿Qué le dijo don Cosme?

¿Por qué había dejado Melquíades de ir a la iglesia?

TEMAS PARA DEBATE

◇ La longevidad.

◇ Las creencias religiosas.

63 Prohibido fumar

禁止吸烟

En España está prohibido fumar en los transportes públicos. Sin embargo, siempre hay personas que fuman, aun viendo un cartel en el que se dice *Prohibido fumar*.

A los españoles no les gusta que nadie les prohíba nada. Por eso, muchos fumadores creen que tienen derecho a fumar en cualquier sitio, aunque la ley lo prohíba.

En los taxis, sin embargo, la prohibición de fumar no se cumple tan **estrictamente** como en otros medios de transporte, ya que si al taxista le apetece fumar y al pasajero también, no molestan a ninguna otra persona.

Tobías fue un día a la ciudad, a ver a una tía suya que estaba enferma. Al salir de la estación de autobuses, decidió coger un taxi que lo llevara hasta la misma puerta de la casa de su tía, ya que esta vivía lejos y él llevaba una pesada maleta. Además, Tobías no conocía demasiado bien la ciudad y temía perderse.

Después de decirle al taxista la dirección, Tobías le preguntó:

-¿Se puede fumar en este coche?

-No -contestó secamente el conductor del taxi.

-Entonces, ¿para qué es este **cenicero**?

-Para los que no preguntan -respondió el taxista.

EXPRESIONES Y LÉXICO

estrictamente: con mucha rigidez, sin excepciones. 严格地
cenicero: recipiente donde se dejan la ceniza y los residuos del cigarro. 烟灰缸

ACTIVIDADES DE COMPRENSIÓN

¿Dónde está prohibido fumar en España?
¿Qué hacen, sin embargo, algunas personas?
¿Qué es lo que no les gusta a los españoles?

¿En qué se diferencia los taxis de otros transportes públicos?

¿Qué ocurre si el taxista y el pasajero quieren fumar?

¿Para qué fue Tobías a la ciudad?

¿Por qué cogió un taxi?

¿Qué le preguntó al taxista?

¿Qué le respondió este?

¿Para qué había un cenicero en el taxi?

TEMAS PARA DEBATE

◇ La persecución contra los fumadores.

◇ ¿Es más nocivo el tabaco que el alcohol para la salud?

64 Ladrón nocturno

夜盗

En Villarriba, el pueblo de Tobías, hubo una serie de robos. Todas las mañanas varios vecinos **denunciaban** que los ladrones habían entrado en su casa y les habían robado.

Los ladrones se llevaban dinero y joyas y, a veces, también comida. Los que robaban eran sin duda muy hábiles, porque entraban por cualquier sitio de la casa y abrían sin esfuerzo las **cerraduras** de las puertas.

La policía no conseguía **capturar** a ningún ladrón y los habitantes del pueblo vivían asustados. Unos compraron cerraduras de seguridad; otros, sistemas de alarma; otros, perros guardianes.

Tobías, sin decir nada a la familia para no asustarlos, se compró una escopeta y dormía con ella escondida debajo del colchón. Una mañana le contó a su vecino Armando:

—Esta noche me ha pasado una cosa rarísima: Me ha despertado un ruido extraño, he abierto los ojos y he visto que, en la oscuridad, una mano cogía mi cartera y sacaba dinero de ella. Yo duermo siempre con la escopeta debajo de la cama, así que la cogí y apunté, pero no disparé.

—¿Por qué no disparaste?

—No quise dejar **huérfanos** a mis hijos.

EXPRESIONES Y LÉXICO

nocturno: que actúa durante la noche. 夜晚的

denunciar: informar de que ha ocurrido algo malo. 举报

capturar: apresar, coger. 抓住

huérfano: persona cuyo padre o cuya madre ha muerto. 孤儿

ACTIVIDADES DE COMPRENSIÓN

¿Qué hubo en el pueblo de Tobías?

¿Qué denunciaban los vecinos todas las mañanas?

¿Qué se llevaban los ladrones?

¿Por qué eran tan hábiles los que robaban?

¿Por qué los vecinos del pueblo estaban asustados?

¿Qué compraron los vecinos para defenderse de los ladrones?

¿Qué se compró Tobías?

¿Dónde escondía la escopeta?

¿Qué le contó a su amigo Armando?

¿Por qué no disparó Tobías al ladrón misterioso?

¿Quién era en realidad el ladrón?

TEMAS PARA DEBATE

◇ Medidas de seguridad.

◇ La posesión de armas de fuego en las casas.

65 Desde la Torre Eiffel

在埃菲尔铁塔顶

Tobías había **prometido** a su hijo Manolo que, si sacaba buenas notas, lo llevaría de viaje a París. Como a Manolo le hacía mucha ilusión este viaje, estudió mucho aquel año y al final sacó unas notas muy buenas.

Tobías quedó **encantado** con las notas de su hijo y, para cumplir su palabra, se fue inmediatamente a una agencia de viajes. Allí le ofrecieron un viaje organizado a París, muy económico, para un matrimonio y un hijo.

El viaje se haría en autobús y en París pasarían siete días en un hotel de tres estrellas. Severiana, la mujer de Tobías, estaba también muy contenta, porque siempre había soñado con ir a París. A Tobías, además, le hacía ilusión ir de nuevo a París, porque ya había estado de joven en la capital de Francia, trabajando como obrero de la construcción.

El viaje en autobús fue cómodo y el hotel en el que se alojaron en París era de buena calidad. Tobías estaba **eufórico** y, sin **deshacer** las maletas, cogió un taxi que los llevó a la Torre Eiffel. Subieron en ascensor al piso más alto de la torre y desde allí Tobías empezó a señalar hacia abajo, mostrando sus conocimientos de la ciudad:

–¡Fíjate, qué bonito es todo ahí abajo: ése es el río Sena, aquél es el Puente Nuevo, y más allá, la catedral de Notre Dame; aquello de allí es el Arco de Triunfo…! ¡Qué cantidad de cosas bonitas hay ahí abajo!

–Si es tan bonito todo lo de ahí abajo –dijo, impaciente y enfadado, Manolo-, ¿por qué me habéis traído aquí arriba?

EXPRESIONES Y LÉXICO

prometer: asegurar que se va a hacer algo. 允诺
encantado: muy satisfecho y contento. 很满足
eufórico: muy alegre y contento. 欢呼雀跃
deshacer: en el caso de las maletas, sacar su contenido. 拆开

ACTIVIDADES DE COMPRENSIÓN

¿Qué había prometido Tobías a su hijo Manolo?

¿Qué hizo Manolo aquel año?

¿Qué hizo Tobías cuando vio las buenas notas de su hijo?

¿Qué le ofrecieron en la agencia de viajes?

¿Cómo harían el viaje Tobías, su mujer y su hijo?

¿Por qué Severiana quedó encantada?

¿Por qué el viajar a París le hacía mucha ilusión a Tobías?

¿A dónde llevó Tobías a Severiana y a Manolo al llegar a París?

¿Qué enseñó Tobías a su hijo desde lo alto de la Torre Eiffel?

¿Qué contestó Manolo a su padre?

TEMAS PARA DEBATE

◇ Los viajes organizados.

◇ La Torre Eiffel es el único sitio de París desde donde no se ve la Torre Eiffel.

66 El funeral 🎧
葬礼

Murió un vecino de Tobías, Cipriano Buendía, y en la iglesia de Villarriba se celebró su funeral. El cura del pueblo, don Cosme, invitó a su **viuda** a que dijera algunas palabras en recuerdo del **difunto**. Ella se puso delante de todos los presentes y dijo:

-Cipriano era un mal marido, un mal padre y un mal hombre; un **egoísta**, un **mujeriego**, un avaro. A toda su familia nos hizo la vida imposible y a todos sus conocidos los **traicionó** y los **estafó**. Tenía mal genio y peor carácter; lo único que puedo decir es que todos nos alegramos de que se haya ido, porque así podremos vivir en paz.

Don Cosme, al oír estas palabras, **se escandalizó** y dijo:

- Queridos feligreses: Cuando alguien se muere, lo normal es que se recuerden sus cosas buenas y se olviden las malas. Es cierto que Cipriano era un hombre difícil, pero algo bueno tuvo que tener. ¿No hay ninguno de vosotros que quiera levantarse y decir alguna cosa buena de Cipriano?

Todos los asistentes se miraron unos a otros, pero nadie se levantó para hablar. Don Cosme estaba sorprendido y **confuso**. Finalmente, Tobías se levantó y dijo:

-Yo creo que tengo algo bueno que decir de Cipriano: Conocí a su hermano y era todavía peor que él.

EXPRESIONES Y LÉXICO

funeral: ceremonia religiosa que se celebra en recuerdo de alguien que ha muerto. 葬礼

viuda: mujer cuyo marido ha muerto. 寡妇

difunto: persona que ha muerto. 死者

egoísta: que solo piensa en sí mismo y no se preocupa de los demás. 自私的

mujeriego: hombre al que le gusta demasiado estar con las mujeres. 好色的

traicionar: romper la confianza que te da una persona. 背叛

estafar: engañar a alguien para quedarse con su dinero. 欺骗

escandalizarse: sorprenderse desagradablemente. 恼火

confuso: extrañado, lleno de dudas. 困惑的

ACTIVIDADES DE COMPRENSIÓN

¿Quién había muerto?

¿Qué se estaba celebrando en la iglesia del pueblo?

¿A qué invitó el párroco a la viuda de Cipriano?

¿Qué dijo la viuda sobre su marido?

¿Por qué se escandalizó don Cosme?

Según él, ¿cómo hay que hablar sobre los difuntos?

¿Qué dijo el párroco acerca de Cipriano?

¿Qué preguntó a los presentes?

¿Qué hicieron todos los asistentes?

Finalmente, ¿quién se levantó?

¿Qué dijo Tobías acerca de Cipriano?

TEMAS PARA DEBATE

◇ Elogios a los difuntos.

67 La esposa manirrota

败家娘们儿

Es muy normal que las mujeres que no trabajan fuera de casa **dependan** económicamente de sus maridos, ya que son ellos los únicos que aportan dinero para pagar los gastos de la familia.

Estas mujeres, por tanto, han de pedir dinero a sus maridos para hacer la compra, para pagar el alquiler de la casa o la **hipoteca**, para comprar ropa para ellas y para los niños, etcétera.

A algunas mujeres no les importa gastar mucho dinero en cosas **superfluas** e innecesarias. La mujer de Tobías, Severiana, siempre estaba corriendo detrás de su marido para pedirle dinero. Esto molestaba mucho a Tobías, pero no se lo contaba a nadie. No era un hombre al que le gustara **airear** su vida privada con los amigos. Tobías pensaba que los asuntos familiares deben quedar en la familia y que no era propio de hombres ir contando por la calle los problemas del matrimonio.

Un día, sin embargo, no pudo aguantar la necesidad de comentar con alguien su problema y le dijo a su amigo Baltasar:

-Estoy fatal, mi mujer me tiene harto. No me deja en paz ni un minuto. Nada le parece bien, se pasa todo el día pidiéndome dinero. Dinero y más dinero. Eso es lo único que quiere.

-¿Y qué hace con tanto dinero? -preguntó Baltasar.

-Nada, porque yo no se lo doy.

EXPRESIONES Y LÉXICO

manirroto: que gasta dinero incontroladamente, en todo lo que le apetece. 败家的
depender: necesitar de otra persona para vivir. 依靠
hipoteca: préstamo que un banco concede y que se va devolviendo poco a poco. 贷款
superfluo: innecesario, prescindible, de poca importancia. 多余的
airear: divulgar, dar publicidad. 宣扬

ACTIVIDADES DE COMPRENSIÓN

¿Qué es muy normal en las mujeres que no trabajan fuera de casa?

¿Qué han de hacer, por tanto, estas mujeres?

¿Para qué quieren el dinero?

¿Cómo son algunas de estas mujeres?

¿Qué estaba haciendo siempre Severiana?

¿Qué era lo que molestaba a Tobías?

¿Qué pensaba él acerca de los asuntos familiares?

¿A quién habló Tobías sobre su mujer?

¿Por qué estaba harto?

¿Qué le preguntó Baltasar?

¿Qué hacía Severiana con tanto dinero?

TEMAS PARA DEBATE

◇ Compradores compulsivos.

◇ Los amigos y los problemas domésticos. ¿Se debe contar todo?

Tobías era una persona **optimista** y un **hombre de recursos**. Había pasado malas épocas en su vida, pero siempre había mantenido su buen humor.

Cada vez que tenían un problema, su mujer y sus hijos llegaban a casa diciendo que era un problema sin solución. Tobías, tranquilo, decía que en la vida siempre hay arreglo para todo; lo importante, según él, era no perder la calma y pensar con la cabeza: Todo en esta vida tenía **arreglo**.

Un sábado Tobías, Severiana y sus hijos fueron al cine. La película era americana, en color, con muchos actores y actrices famosos. Como era fin de semana, el cine estaba lleno de gente y Tobías y su familia tuvieron dificultades para encontrar buenos asientos.

En las **butacas** anteriores a las de Tobías y su familia se sentó otra, en la que tanto el padre como la madre y los hijos, eran muy altos. Severiana, enfadada porque no veía la película, dijo:

-¡Y qué!, ¿esto también tiene arreglo?

-También -dijo Tobías y, tras **reflexionar** un momento, se quitó los zapatos.

Inmediatamente, todos los que estaban alrededor se fueron.

EXPRESIONES Y LÉXICO

optimista: persona que ve siempre lo mejor y más positivo de todas las cosas. 乐观主义者

hombre de recursos: que tiene siempre ideas y medios para conseguir solucionar los problemas. 有主意的

arreglo: solución. 解决

butaca: cada uno de los asientos en un cine o en un teatro. 座位

reflexionar: pensar, meditar. 思索

ACTIVIDADES DE COMPRENSIÓN

¿Cómo era Tobías?

¿Qué había pasado en su vida?

¿Qué había mantenido siempre?

¿Qué hacían su mujer y sus hijos cada vez que tenían un problema?

¿Qué les decía tranquilamente Tobías?

¿Qué era lo importante, según él?

¿A dónde fue Tobías un sábado con su mujer y con sus hijos?

¿Quiénes se sentaron delante de Tobías y de su familia?

¿Qué le preguntó Severiana a Tobías?

¿Qué hizo él para solucionar el problema?

TEMAS PARA DEBATE

◇ Las normas de convivencia. Molestar a los demás.

69 Zurdos

左撇子

Se llama zurdos a las personas que hacen mejor las cosas con la mano izquierda que con la derecha. En muchas culturas y países se piensa que la mano izquierda es algo negativo, malo. En España, hasta hace poco tiempo, también se pensaba que ser zurdo era un defecto y por eso se educaba **rigurosamente** a los niños para que no usaran la mano izquierda al comer o al escribir, **castigándoles** si era necesario.

Una vez estaba Tobías con sus amigos en la tertulia, cuando el secretario del ayuntamiento **sacó el tema** de los zurdos, diciendo:

-Es una vergüenza: Ahora, a los niños en las escuelas, no solo se les permite, sino que incluso se les anima a que sean zurdos.

-Bueno, tampoco es tan malo –le replicó Tobías-, da lo mismo que las cosas se hagan con la mano izquierda o con la derecha, lo importante es que se hagan. Además, **al fin y al cabo**, todos somos un poco zurdos. Siempre hay algo que podemos hacer mejor con la mano izquierda que con la derecha.

-Eso le ocurrirá a usted –dijo, **desafiante**, el secretario -. Yo, desde luego, lo hago todo mejor con la mano derecha.

-Intente rascarse el codo derecho con ella y verá que tengo razón -concluyó Tobías.

EXPRESIONES Y LÉXICO

rigurosamente: con seriedad, sin admitir excepciones. 严格的
castigar: corregir con dureza al que se equivoca. 惩罚
sacar el tema: comenzar a hablar de una cosa. 挑起话题
al fin y al cabo: de todos modos, en realidad, en definitiva… 总之
desafiante: que busca pelea, que quiere discutir. 挑衅的

ACTIVIDADES DE COMPRENSIÓN

¿Qué es un zurdo?
¿Qué se piensa en algunas culturas y países de la mano izquierda?

¿Qué se pensaba en España hasta hace poco tiempo?

¿Qué hacían con los niños que escribían con la izquierda?

¿Quién sacó el tema de los zurdos en la tertulia?

¿Qué dijo el secretario del ayuntamiento acerca de los zurdos?

¿Qué pensaba Tobías que era lo importante?

¿Por qué dijo Tobías que todos somos un poco zurdos?

¿Qué le contestó el secretario?

¿Cómo demostró Tobías que todos somos un poco zurdos?

TEMAS PARA DEBATE

◇ Los tópicos.

70 El discurso del alcalde

村长的演讲

Hacía ya tres años, Tobías había sido elegido alcalde de su pueblo. Eran las fiestas del **patrón** de Villarriba y todos los vecinos estaban reunidos en la plaza mayor. La **banda municipal** tocaba canciones tradicionales y todo el mundo se divertía bebiendo y bailando.

A las doce **en punto** del mediodía, Tobías salió al balcón de ayuntamiento, junto con algunos **concejales** y otros invitados. Se calló la música y Tobías comenzó su discurso:

-¡Nos quieren quitar las fiestas del pueblo, pero no lo van a conseguir!

Toda la gente que llenaba la plaza comenzó a **aplaudir**.

-¿Vais a consentir que nos quiten las fiestas de nuestro patrón? -continuó Tobías-, ¿que nos quiten las fiestas de Villarriba?

Todos gritaron al mismo tiempo:

-¡Noooooo!

Tobías siguió así durante algún tiempo y todos los vecinos del pueblo aplaudían cada vez más fuerte. Terminado el discurso, uno de los invitados, que había venido de la ciudad, preguntó:

-Oiga, señor alcalde, y ¿quién es el que quiere quitar las fiestas del pueblo?

-Nadie, **que yo sepa** -respondió Tobías-, pero hace tres años descubrí que siempre que digo estas cosas, aplauden **a rabiar** y todo el mundo se pone de muy buen humor.

EXPRESIONES Y LÉXICO

patrón: santo protector de un pueblo. 主保圣人

banda municipal: conjunto de músicos dependiente del ayuntamiento, que toca en las fiestas de una ciudad o de un pueblo. 政府乐团

en punto: a la hora exacta, ni un minuto más, ni un minuto menos. 准点

concejal: persona que dirige un departamento o un sector del ayuntamiento, para ayudar al alcalde. 议员

aplaudir: golpear una mano contra la otra en señal de alegría y emoción. 鼓掌

que yo sepa: según los datos que yo conozco. 据我所知

a rabiar: con mucho entusiasmo. 热烈的

ACTIVIDADES DE COMPRENSIÓN

¿Qué cargo tenía Tobías?

¿Dónde estaban reunidos todos los vecinos del pueblo?

¿Qué ocasión especial se celebraba?

¿Qué hacía la banda municipal?

¿Para qué salió Tobías al balcón del ayuntamiento?

¿Quién le acompañaba?

¿Qué dijo en su discurso?

¿Qué hacía la gente del pueblo al oírle?

¿Qué le preguntó un invitado de la ciudad?

¿Qué le respondió Tobías?

TEMAS PARA DEBATE

◇ Los agitadores de masas.

Amparito tenía dieciocho años y era hija de los señores De la Rosa.

La familia De la Rosa vivía en un **chalet** a las afueras de Madrid. Amparito tenía tres hermanos, Luis, Lorenzo y Ángel, y un nuevo novio, que se llamaba Enrique.

Una tarde, Amparito llegó a casa y se sentó al lado del teléfono. Al rato, alguien llamó preguntando por su hermano Ángel. Ella respondió que Ángel no se encontraba en casa y que tampoco estaría más tarde. Minutos después, la madre de Amparito se acercó al teléfono para llamar a una amiga. Amparito se lo **impidió**, diciéndole:

- Lo siento, pero no puedes utilizar el teléfono. Espérate a mañana.

Luis y Lorenzo intentaron **asimismo** usar el teléfono para llamar a sus novias, pero Amparito se lo impidió de manera **decidida**.

Más tarde llegó el padre y cogió el teléfono para llamar a su oficina. Amparito, como había hecho antes, trató de impedir que usara el teléfono. Como el padre insistió, ella le dijo, con lágrimas en los ojos:

-¿Qué es para ti más importante, tus negocios o la felicidad de tu hija?

El padre, **confundido**, colgó el teléfono. Finalmente, todos en la casa se quedaron en el salón.

Por fin el teléfono sonó. Amparito lo cogió, lo colgó rápidamente y con cara de satisfacción, se dirigió hacia su cuarto. Su madre, extrañada, preguntó:

-Pero, ¿quién era? ¿Qué es lo que pasa?

-Era Enrique, que esta tarde se ha portado **groseramente**. Yo solo quería que me llamara, para colgarle el teléfono.

EXPRESIONES Y LÉXICO

chalet: casa individual situada generalmente a las afueras de una ciudad, que tiene un jardín y a veces, una piscina propia. 别墅

impedir: no dejar a alguien que haga una cosa. 阻止

asimismo: de igual manera, también. 同样

decidido: que actúa con decisión, sin vacilaciones. 果断的

confundido: confuso, sin entender lo que pasa. 困惑的

groseramente: sin amabilidad, sin delicadeza. 粗鲁地

ACTIVIDADES DE COMPRENSIÓN

¿Quién era Amparito?

¿Dónde vivía?

¿Cuántos hermanos tenía?

¿Cómo se llamaba su nuevo novio?

¿Qué hizo Amparito un día, al llegar a casa?

¿Por quién preguntó el que llamaba?

¿Qué le dijo Amparito a su madre cuando esta intentó coger el teléfono?

¿Qué hizo cuando sus hermanos quisieron telefonear?

¿Qué preguntó Amparito a su padre cuando este insistió en usar el teléfono?

¿Dónde se quedó finalmente toda la familia?

¿Qué hizo Amparito cuando por fin sonó el teléfono?

¿Qué preguntó la madre, extrañada?

¿Quién había telefoneado?

TEMAS PARA DEBATE

◇ Usos y abusos del teléfono.
◇ Utilidades y ventajas de los teléfonos móviles.

72 La rueda pinchada

泄气的轮胎

Adon Eustaquio, el médico de Villarriba, le tocó la lotería. La lotería nacional es un juego público, en el que se premian con diversas cantidades de dinero unos números que son sacados al azar de entre todos los que se ponen en venta.

Don Eustaquio fue a Madrid a cobrar el dinero y pasó allí algunos días, disfrutando de los muchos millones que había ganado. Antes de volver al pueblo, se compró un **lujoso** coche 48,000 euros, para que le admiraran sus conocidos.

Volviendo a Villarriba, poco antes de llegar al pueblo, una rueda del coche **se pinchó**. El médico se bajó y se puso a cambiar la rueda pinchada por la **rueda de repuesto** que llevan todos los coches.

Luciano, el primo de Tobías, que volvía de trabajar en el campo y llevaba una **azada** al hombro, vio a don Eustaquio y le preguntó qué estaba haciendo.

-Pues, nada, aquí me ves, quitándole la rueda al coche.

Sin pensarlo dos veces, Luciano le dio un golpe con la azada al cristal de la ventanilla del coche y exclamó:

-Pues entonces, ¡yo me llevo el **radiocasete**!

EXPRESIONES Y LÉXICO

lujoso: muy caro y elegante. 豪华的
pincharse: hacerse un agujero, por el que sale el aire. 扎破
rueda de repuesto: rueda que llevan los coches para sustituir a las que se pinchen. 备胎
azada: herramienta de hierro y madera, que sirve para cavar y remover la tierra. 锄头
radiocasete: aparato electrónico que consta de una radio y un casete. 收录机

ACTIVIDADES DE COMPRENSIÓN

¿Qué le pasó al médico de Villarriba?
¿Para qué fue a Madrid?
¿Qué se compró en Madrid?

¿Qué le pasó al coche?

¿Qué hizo don Eustaquio?

¿Con quién se encontró?

¿Qué llevaba Luciano al hombro?

¿Qué le preguntó Luciano?

¿Qué le contestó el médico?

¿Qué hizo entonces Luciano?

¿Qué es lo que solían hacer algunas personas del pueblo con los coches abandonados?

TEMAS PARA DEBATE

◇ Diferencia de precio entre los coches más lujosos y los coches normales.

El señor Hidalgo y su hijo Alberto fueron llevados por la señora Hidalgo al **estreno** de una obra de teatro. La señora Hidalgo era la vicepresidenta de la Asociación para la **Promoción** de la Cultura y la **Integración Social**. Esta asociación organizaba diversos actos culturales en los que se promocionaban **talentos** locales, exposiciones de pintura, conciertos de música, **recitales** de poesía, etcétera.

La asociación invitaba a sus actos sociales y culturales a alumnos de los colegios, a soldados del ejército y a ancianos del asilo. Aquella vez, excepcionalmente, las damas de la asociación habían conseguido que el director de la cárcel diera permiso a un grupo de presos para ir al teatro.

La obra de teatro que se estrenaba aquella tarde era **rematadamente** mala. Al rato de comenzar la obra, Alberto dijo en voz baja a su padre:

-Fíjate en aquel grupo de hombres. Son presos de la cárcel. Seguro que los traen de **claque**.

-No, no los traen de claque -dijo el padre-, los traen como castigo, para que se arrepientan de sus crímenes y no vuelvan a **delinquir**.

EXPRESIONES Y LÉXICO

estreno: primera vez que se representa una obra de teatro o se proyecta una película. 首演

promoción: ayuda para que algo se desarrolle. 推广

integración social: convivencia de las personas marginadas en la sociedad. 社会融合

talentos: personas dotadas de capacidad artística o literaria. 天才

recital: lectura de poemas en voz alta. 诗朗诵

rematadamente: extremadamente, enormemente. 极为

claque: grupo de espectadores a los que se permite presenciar gratuitamente una representación, a cambio de que aplaudan con entusiasmo. 捧场的

delinquir: cometer delitos, crímenes, robar, matar... 犯罪

ACTIVIDADES DE COMPRENSIÓN

¿A dónde fueron llevados el señor Hidalgo y su hijo Alberto?

¿Qué era la señora Hidalgo?

¿Qué organizaba la asociación?

¿Qué se promocionaba en los actos culturales?

¿A quién invitaba a sus actos la asociación?

¿A quién habían invitado en aquella ocasión?

¿Cómo era la obra de teatro?

¿Cuándo se estrenaba la obra de teatro?

¿Qué le dijo Alberto a su padre?

¿Para qué traían al grupo de presos, según Alberto?

¿Qué le respondió su padre?

¿Para qué habían llevado en realidad a los presos al teatro?

TEMAS PARA DEBATE

◇ Artistas profesionales y artistas amateurs en actividades culturales.
◇ Actividades recreativas y hobbies: teatro, música, danza, baile de salón, caligrafía, coleccionismo...

74 Una sesión de espiritismo

招魂仪式

Tobías no creía en los **espíritus**, pero un amigo suyo insistió en llevarlo a una sesión de espiritismo.

Algunas personas creen que la gente, después de morir, puede comunicarse con los vivos y también hacer cosas extrañas, como mover objetos, hacer ruidos o hablar.

En las sesiones de espiritismo varias personas se reúnen para **invocar** a los espíritus que viven en **el más allá**. Los asistentes se sientan **en torno** a una mesa, juntan las manos, se concentran durante unos minutos y uno de ellos, normalmente un **médium**, llama a un familiar de alguno de los asistentes y le pregunta cómo vive en el más allá y si tiene algún mensaje para el familiar presente.

Al llegar Tobías y su amigo a casa de la médium, les llevaron a una pequeña habitación que estaba casi **a oscuras**. La sesión comenzó y la médium preguntó a Tobías si le gustaría hablar con alguien.

-Con mi abuelo -respondió Tobías.

Al poco rato se oyó detrás de las cortinas una **voz de ultratumba** que decía:

-Querido Tobías, soy tu abuelo, que está en el cielo...

-¿Y qué haces en el cielo? -interrumpió Tobías-, si todavía no te has muerto?

EXPRESIONES Y LÉXICO

espíritu: fantasma, alma de una persona que ha muerto. 鬼魂
invocar: llamar. 召唤
el más allá: la existencia después de la muerte. 往生
en torno: alrededor. 周边
médium: persona que utilizan para comunicarse con los espíritus los que los invocan. 灵媒
a oscuras: sin luz. 黑暗的
voz de ultratumba: voz que parece ser de un fantasma o de un espíritu del más allá. 幽幽的声音

ACTIVIDADES DE COMPRENSIÓN

¿En qué no creía Tobías?

¿Qué piensan algunas personas?

¿Qué pueden hacer los espíritus de las personas muertas?

¿Qué hace la gente en una sesión de espiritismo?

¿Dónde se sientan los asistentes?

¿Qué hace un(a) médium?

¿Qué le pregunta el médium a los espíritus?

¿A dónde llevaron a Tobías en la casa de la médium?

¿Qué le preguntó una señora a Tobías?

¿Con quién quería él hablar?

¿Dónde se oyó una voz de ultratumba?

¿Qué dijo la voz?

¿Qué preguntó Tobías interrumpiendo a la voz?

¿Por qué el abuelo de Tobías no podía estar todavía en el cielo?

TEMAS PARA DEBATE

◇ El espiritismo. Las ciencias ocultas.

75 El botón mágico

神奇的按钮

Como muchos españoles, Tobías, cuando era joven, se fue a trabajar a Alemania. En Alemania había mejor nivel de vida, se pagaban mayores sueldos y los españoles podían comprar cosas que todavía eran desconocidas en España.

Era la primera vez que Tobías salía al extranjero y descubrió un mundo nuevo, una cultura diferente y cosas sorprendentes y **fascinantes**.

Al año de estar en Alemania, volvió de vacaciones al pueblo, conduciendo un gran **mercedes** para dar **envidia** a sus amigos. En el bar comenzó a contar algunas de sus experiencias en Alemania. Les dijo que en Alemania había fábricas enormes, con muchos miles de trabajadores, que las carreteras eran muy grandes y anchas y que la gente vivía en casas muy buenas. Luego se puso a contarles lo que le había ocurrido la primera noche que pasó en Alemania:

-Os juro que fue para mí **de lo más** sorprendente: Cuando llegué al hotel, vi un pequeño botón encima del **mostrador** de recepción. Como allí no había nadie, hice *cling* en el botón y de repente apareció ante mis ojos una joven bellísima….

En ese momento interrumpió Abelardo, un amigo suyo, que le dijo, muy molesto:

-¿Y por qué no te has traído ese botoncito, en vez del mercedes?

EXPRESIONES Y LÉXICO

fascinante: que produce una gran impresión, muy atractivo. 引人入胜的

al año de estar: cuando había transcurrido un año. 一年后

mercedes: tipo de coche muy lujoso. 梅赛德斯奔驰

envidia: sufrimiento que produce a alguien que otra persona tenga o consiga cosas que él no tiene o no puede conseguir. 嫉妒

de lo más: una de las cosas más… 最

mostrador: mesa en la que se atiende a los clientes de un hotel o de un bar. 前台

ACTIVIDADES DE COMPRENSIÓN

¿Qué hizo Tobías cuando era joven?

¿Qué ocurría en Alemania?

¿Qué descubrió allí Tobías?

¿Adónde volvió Tobías tras estar un año en Alemania?

¿Qué hizo para dar envidia a sus amigos?

¿Qué hizo en el bar del pueblo?

¿Qué les contó a sus amigos?

¿Qué había visto al llegar al hotel?

¿Qué pasó cuando Tobías tocó el botón?

¿Qué le dijo a Tobías su amigo Abelardo?

TEMAS PARA DEBATE

◇ La emigración laboral.

◇ Españoles en Alemania.

D on Leopoldo siempre fue un hombre dispuesto a ayudar al **prójimo**. Cada vez que veía a alguien que necesitada ayuda, iba a **socorrerle**.

Un domingo, cuando don Leopoldo salió a comprar el periódico, pasó por delante de un portal en el que había tres hombres intentando mover una enorme **caja fuerte.** Al verlos, don Leopoldo, que era alto y muy fuerte, se acercó y dijo:

-Buenos días señores, ¿necesitan que les **eche una mano**?

-Sí, por favor, si es usted tan amable –respondió uno de los hombres.

Don Leopoldo comenzó a empujar con todas sus fuerzas, pero la caja no se movía ni un centímetro.

A los diez minutos, cuando estaban completamente **agotados**, pararon para descansar y **reponer** fuerzas. Entonces dijo don Leopoldo a los hombres:

-Lo veo difícil, me parece que nos va a costar trabajo meter la **dichosa** caja. ¿No creen? Ni siquiera entre los cuatro podemos. Tendremos que pedir más ayuda.

Al oír esto, los tres hombres, que estaban tumbados, descansando del esfuerzo, se levantaron y gritaron a la vez:

-¿Meter la caja? ¡Maldita sea! ¡Pero si lo que queremos es sacarla!

| EXPRESIONES Y LÉXICO

prójimo: los que están al lado, las personas que viven alrededor. 别人

socorrer: auxiliar, ayudar. 帮助

caja fuerte: caja de metal, cerrada con una combinación de números para guardar el dinero y los objetos de valor. 保险柜

echar una mano: ayudar, colaborar en un trabajo. 搭把手

agotado: cansado, sin fuerzas. 疲倦的

reponer: volver a recuperar algo que se ha perdido. 恢复

dichoso: en este caso, adjetivo despectivo. Equivale a *maldito*. 该死的

ACTIVIDADES DE COMPRENSIÓN

¿Cómo fue siempre don Leopoldo?

¿Qué hacía siempre que veía a alguien que necesitaba ayuda?

¿A dónde iba don Leopoldo aquel domingo?

¿Qué había en el portal por el que pasó don Leopoldo?

¿Qué les dijo a los hombres?

¿Qué comenzó a hacer don Leopoldo?

¿Qué le pasaba a la caja?

¿Qué hicieron todos a los diez minutos?

¿Qué dijo don Leopoldo a los tres hombres?

¿Qué hicieron ellos cuando oyeron lo que él les dijo?

¿Qué dijeron finalmente los tres hombres?

TEMAS PARA DEBATE

◇ La colaboración.

77

Rodando por las escaleras

从楼梯上滚下去

En aquella época Tobías vivía en un **bloque** de apartamentos. Por la mañana, después de tomar el desayuno, Tobías se preparó para ir al trabajo y Daniel, su hijo de nueve años, se preparó para ir a la escuela.

Severiana, la mujer de Tobías, entregó una bolsa con comida al padre y un bocadillo al hijo. Los dos salieron de la casa, pero a los pocos minutos, el timbre sonó **insistentemente**. Severiana abrió la puerta y vio a Daniel llorando desconsoladamente y con la cara muy colorada. Al entrar, Daniel se arrojó a los brazos de su madre. Esta le preguntó, un poco asustada:

-¿Qué te pasa, hijo mío?

-Que papá **ha resbalado** con una cáscara de plátano y ha bajado rodando todos los escalones.

-Pero hijo, ya eres casi un hombre y no debes impresionarte tanto. Estas cosas se deben tomar a broma. La gente, normalmente, se ríe cuando ve que alguien se ha caído al pisar una cáscara de plátano.

-Pero mamá, ¡si eso es precisamente lo que he hecho!

EXPRESIONES Y LÉXICO

bloque: grupo de edificios o casas. 街区
insistentemente: repetidamente. 不停地
resbalar: caerse, deslizarse. 滑倒

ACTIVIDADES DE COMPRENSIÓN

¿Cómo llegó Daniel, el hijo de Tobías, a su casa?

¿Cómo tenía la cara?

¿A dónde se dirigió nada más entrar en casa?

¿Qué le preguntó la madre, un poco asustada?

¿Qué le había pasado a Tobías?

¿Con qué resbaló?

¿Por dónde se cayó?

¿Qué le contestó la madre a su hijo?

¿Cuándo se ríe normalmente la gente?

¿Qué es lo que hizo Daniel?

¿Por qué llegó con la cara colorada?

TEMAS PARA DEBATE

◇ Reírse de los demás. Reírse con los demás.

El dueño de un restaurante de lujo recibió, a las tres de la tarde, una llamada telefónica. Su **interlocutor** se identificó como inspector de policía y le dijo que un **confidente** acababa de avisar que el restaurante iba a ser **atracado** poco después.

El inspector tranquilizó al dueño, diciéndole que no hiciese nada y que cuando el ladrón llegase, le diese todo el dinero. La policía estaría esperando al ladrón fuera del restaurante, para detenerlo. Así se evitaría el riesgo de un **tiroteo** dentro del local y la gente que estuviese en el restaurante no correría peligro.

Efectivamente, pasada una media hora, apareció un individuo moreno con gafas, quien, con mucha **discreción**, se acercó a la caja, en la que estaba el dueño y haciéndole una señal como si llevara una pistola en el bolsillo, le pidió toda la **recaudación**. El dueño se la dio y el ladrón se fue.

Todo ocurrió rápidamente, sin que ninguno de los clientes se diera cuenta. El dueño salió discretamente detrás del ladrón para ver cómo era detenido por los policías. Pero el ladrón **dobló una esquina** y el dueño lo perdió de vista. Corrió, preocupado, detrás del ladrón, pero al llegar a la siguiente esquina ya no vio a nadie. Ningún policía había acudido a detener al ladrón.

El dueño, **perplejo**, volvió al restaurante Al cabo de unos minutos comprendió lo que había pasado y llamó a la policía para denunciar el **timo**.

EXPRESIONES Y LÉXICO

interlocutor: persona con la que alguien habla. 交谈者

confidente: persona que lleva noticias a alguien a cuyo servicio está. 密探

atracar: robar con amenazas o con violencia. 抢劫

tiroteo: acción de disparar armas de fuego contra personas o cosas. 射击

discreción: reserva, prudencia. 谨慎地

recaudación: cantidad de dinero que se obtiene en un establecimiento. 钱款

doblar una esquina: girar en una esquina de la calle. 拐弯

perplejo: sorprendido, asombrado. 惊讶的

timo: engaño para quitar a alguien su dinero. 诈骗

ACTIVIDADES DE COMPRENSIÓN

¿Quién recibió una llamada telefónica?

¿A qué hora fue recibida esa llamada?

¿Cómo se identificó el interlocutor?

¿Qué le dijo el inspector al dueño del restaurante?

¿Cuándo iba a ser atracado el restaurante?

¿Cómo tranquilizó el inspector al dueño?

¿Qué se evitaría si el dueño le daba todo el dinero al ladrón?

¿Dónde estaría la policía?

¿Quién apareció en el restaurante al cabo de media hora?

¿Qué hizo entonces el dueño del restaurante?

¿Cómo ocurrió todo?

¿Para qué salió el dueño del restaurante a la calle?

¿Qué hizo al ver que el ladrón se escapaba?

¿Quién había ido a detener al ladrón?

¿Para qué llamó el dueño del restaurante a la policía?

TEMAS PARA DEBATE

◇ Timos y estafas.

En Villarriba se celebraban las fiestas del patrón y Tobías se había pasado toda la noche bebiendo con los amigos. Cerca ya del amanecer, se dirigió hacia su casa, en compañía de un compañero de **juerga**, que caminaba en su misma dirección.

Al llegar a la puerta de su casa, Tobías dijo a su acompañante:

-Bueno, **compadre**, yo me quedo aquí, esta es mi casa.

-Yo, también -dijo el otro.

-¡Hombre, qué **casualidad**! ¡Mira que vivir los dos en la misma casa… ! Yo subo al tercero.

-Yo, también -dijo el otro.

-Compadre, **ya está bien** de bromas.

-De verdad, compadre, yo voy al tercero.

Al salir del ascensor en el tercer piso, Tobías dijo:

-Bueno, me despido ya, yo vivo en el A.

-Yo, también.

-¡Basta ya de bromas! -dijo Tobías, enfadado, y comenzó a golpear a su compañero.

Una vecina, al oír el ruido de la pelea, abrió la puerta de su casa y comentó:

-¡Vaya **borrachera** que traen hoy el padre y el hijo!

EXPRESIONES Y LÉXICO

juerga: celebración en la que, generalmente, se bebe mucho. 纵酒狂欢

compadre: en algunos lugares de España, se suele llamar así a los amigos y compañeros. Literalmente, es el padrino de los hijos del que habla. 老兄；教父

casualidad: azar. 碰巧

ya está bien: basta, ya es suficiente. 够了

borrachera: pérdida de la consciencia, por efecto de beber mucho alcohol. 醉酒

ACTIVIDADES DE COMPRENSIÓN

¿Qué había estado haciendo Tobías toda la noche?

¿Cuándo volvió a su casa?

¿Quién le acompañaba en el camino?

¿Qué dijo Tobías a su acompañante?

¿Qué le respondió el acompañante?

¿En qué piso vivía Tobías?

¿En qué piso vivía el acompañante?

¿Qué le dijo Tobías al otro, al salir del ascensor?

¿Por qué comenzó Tobías a golpear a su compañero?

¿Qué comentó una vecina que oyó el ruido de los golpes?

¿Qué relación había entre los dos amigos?

TEMAS PARA DEBATE

◇ El abuso de las bebidas alcohólicas.

Tobías estaba saliendo con una muchacha de su pueblo, llamada Encarna. Los padres y la familia de Encarna querían que **se comprometiera** con ella en serio y fijaran cuanto antes la fecha de la boda.

Un día la madre de Encarna fue a hablar con Tobías y con sus padres y **exigió** una decisión. Tobías estuvo de acuerdo en comprometerse con Encarna y fijar una fecha para la boda, pero dijo que antes deseaba verla desnuda. La madre de Encarna **se indignó** y se fue de inmediato de la casa. Sin embargo, durante las semanas siguientes, cada vez que planteaban a Tobías el tema de la boda, este **insistía en** que antes de casarse quería ver a la chica desnuda. Los padres de Encarna, después de pensarlo mucho, accedieron y fijaron un día para que Tobías cumpliera su deseo y viera a la muchacha tal como Eva estaba en el paraíso, a través de una puerta **entreabierta**.

Después de que Tobías viera a su novia desnuda, los familiares de Encarna se acercaron a él y le preguntaron:

-Ya has visto desnuda a la muchacha, ¿estás contento? ¿Para cuándo fijamos la boda?

-No, he decidido que no quiero casarme con ella -replicó Tobías.

-¿Por qué? ¿Es que no te ha parecido hermoso su cuerpo?

-¡Hombre! Su cuerpo **ciertamente** es muy bonito, pero no me gusta su nariz.

EXPRESIONES Y LÉXICO

comprometerse: prometer uno que se va a casar. 订婚

exigir: pedir algo con energía. 苛求

indignarse: enfadarse mucho. 暴怒

insistir en: volver a decir lo mismo. 坚持说

entreabierta: un poco abierta. 半开的

ciertamente: verdaderamente. 确实

ACTIVIDADES DE COMPRENSIÓN

¿Con quién estaba saliendo Tobías?

¿Qué querían los padres y la familia de Encarna?

¿Quién fue a hablar con Tobías?

¿Qué exigió la madre de Encarna a Tobías?

¿Qué deseaba Tobías antes de comprometerse?

¿Qué le pasó a la madre de Encarna cuando oyó lo que Tobías quería?

¿A qué accedieron finalmente los padres de Encarna?

¿Cómo iba vestida Encarna?

¿Qué le preguntaron los padres y los familiares de Encarna a Tobías?

¿Por qué no quería Tobías casarse con Encarna?

TEMAS PARA DEBATE

◇ El noviazgo en España y en otros países.

◇ Las relaciones prematrimoniales.

参考译文

1. 亲戚

罗吉里奥是托叔朋友聚会的常客。一天下午，罗吉里奥去家里拜访他。罗吉里奥在后花园找到了托叔，后者正坐在一张舒服的沙发椅上，看着书，抽着烟斗。罗吉里奥看到托叔悠然自得，没有人去打搅他，便说道：

"老托，真不知道你怎么做到的。我每次来看你，你都优哉游哉，没任何烦恼。而我呢，家里总是来一堆我和我老婆的亲戚。有的日子呢，是我的叔伯和侄子们不请自来；还有的日子呢，则是我的小姨子和小舅子们，一来就是一个下午，还留下来吃晚饭。我的小舅子们总是喝光我的好酒，而我的外甥们则满屋子吵闹，令人生厌。我在家里一秒钟都不得安宁，而你呢，从来没见有亲戚来拜访你。"

"好吧，"托叔说道，"就像生活中所有的事情一样，这是策略问题：富亲戚来的时候，我就向他们吐苦水，管他们借钱。而穷亲戚们来呢，我就借钱给他们。结果呢，不管是富亲戚还是穷亲戚，就再没一个人来了。"

2. 下庄的冰激凌店

托叔的村子上庄跟另一个村子下庄之间向来有恩怨。两个村子隔得很近，动不动就互相敌对。两个村的足球队是死对头，乐队也互相较劲，连过个节也要一较高下。甚至一个村子过节，邻村的小伙子都不允许跟这个村子的姑娘们一起跳舞。上庄的迪厅禁止下庄的年轻人进入，声称他们过于吵闹。下庄也用同样的方法来回敬。

有一天，托叔去邻村下庄拜访。经过一家上庄邻居跟下庄人合伙开的冰淇淋店，他惊讶地发现，店门口的牌子上写着：上庄人禁止入内。托叔十分不悦，决定进去向那个熟人抱怨一番：

"艾比法尼奥，你来邻村做生意本来就不对，还禁止同村人入内，你简直不可原谅！"

"我可是很爱你们大家呀，这都是为了大家好！你尝过我们这儿的冰淇淋吗？"

3. 小托老爸的海淘店

小托的老爸是个穷人，一辈子都在努力改善经济状况。他工作了好多年，攒够了钱，买下了一家海淘店，对此也是洋洋自得。他已经上了年岁，突然有一天就病倒了。全家人都很担心，因为他那么大岁数了，恐怕凶多吉少。

小托的老爸躺在家里楼上一个房间的床上，全家人都围在他身边。这个垂死的人声音虚弱地问道：

"尹卡纳，我亲爱的老婆，你在我身边儿吗？"

"我在这儿，亲爱的。"她回答。

"小托，我的长子、继承人，你也在这儿吗？"

"是的，老爸，我也在这儿。"

这个老人，气得脸发红，使出浑身的劲儿，喊道：

"那谁他妈的在楼下看店?!"

4. 回答"是"或者"不是"

托叔村里的两户人家为了争几块地,打来打去闹了好长时间。有一天,两家子又打了一场架,好几个人受了伤。托叔被一个生性严厉、性格乖张的法官唤去作证。庭审开始后,法官说道:

"我想尽快审完这件官司,不想有谁吞吞吐吐、拐弯抹角的。你们各位对所提的问题只要回答'是'或者'不是'。"

于是,托叔请求发言:

"法官大人,不可能回答所有的问题都只说'是'或者'不是'啊!"

"你给我听好了,证人:你只能,而且必须回答这些问题,否则你就会受到法庭的制裁。"

"法官大人"托叔说道,"我能向您提个问题,来证明不是什么时候回答问题只说'是'或者'不是'就行?"

"我不知道这有什么用,不过,你问吧。"法官回答道。

"法官大人,您现在喝醉酒回家,是不是已经不打老婆了?"

5. 警察和驴子的区别

火车里,尤其是长途列车,同车厢的人通常会长时间交谈,来打发漫长的旅途。人们谈论天气、经济形势和本国的政治,有时候也不忘拿警察当笑料,抑或批评一下当局。有一天,从塞维利亚到马德里的途中,车厢里的几名旅客聊得正欢。其中一个揶揄道:

"诸位知道警察和驴的区别吗?"（注释:驴子在西语中有"笨"的喻义）

"还真不知道,有什么区别?"一名旅客不无好奇地问。

正在此时,车厢的门开了,出现了一个警察。他朝向那个幽默的旅客,厉声问道:

"我也很好奇,到底有什么区别?"

"呃……没任何区别。"那名紧张又害怕的旅客说道。

"好吧,这还差不多。"警察回答。

6. 学语言没什么用

马德里皇宫修建于十八世纪,西班牙王室在那里一直住到1931年。现如今,有众多游客前来参观,对它的花园、大厅、古兵器博物馆等都赞叹不已。

一天早上,皇宫前的广场上,一个身穿短裤、脖子上挂着一架大型相机的中年男子不安地走来走去,左右直跳脚。他走到两名警察身边,用英语问:

"Where are the toilets, please? Where is the restroom, bathroom?"

两名警察耸耸肩,友好地望着这名外国游客。游客又用德语、法语还有意大利语问了同样的问题。两名警察关切地看着他,没有做出任何反应。最后,游客跑去找别人给他指卫生间在哪儿。其中一名警察跟同伴说:

"看到了吧?我一直就说,学语言没什么用。"

7. 小托和媒婆

有一回,小托去上庄找媒婆说媒。他想要的女人得满足几项条件:漂亮、富有、有教养,还要有大房子。媒婆对小托的情况可是一清二楚:懒散,没工作,没钱。她打开小本本,在里面找了找村里待嫁女子的信息，说道：

"我这儿还真有一个女人合适你：家里有二百万欧元的资产，大学毕业，人又漂亮，出身名门。"

"那太好了！这正是我想要的老婆！"小托叫道。

"只是她有点儿小毛病：偶尔会有点儿精神不正常。"

"发作的次数多吗？"

"具体多少次我可说不清，或许一年有那么一两次，这种病谁也说不准什么时候发作。"

"这也不是很严重呀，我不介意的。什么时候能介绍给我？"

"这就是比较麻烦的地方：我们得等她犯精神病，她才会答应认识像你这样的家伙。"

8. 此处讲各国语言

旅游的潮流到达了托叔的村子上庄，那里有很多游客感兴趣的东西。众多景点中，有一处古罗马浴池，一座破败的中世纪城堡，还有一座十七世纪的教堂。

托叔之前做过好些个行当，所以他想，开一家纪念品商店或许是个不错的主意。游客们总是喜欢买点儿有外国特色的纪念品。托叔的商店里卖各式各样的纪念品：扇子啦，烟灰缸啦，T 恤啦，鸭舌帽啦，太阳帽啦，酒瓶子啦，响板啦，甜点盒子啦，穿着西班牙特色服饰的洋娃娃啦，小陶瓷雕像啦，等等。

有一天，上庄的一个邻居巴尔多梅罗路过托叔的商店，看见游客进进出出购买纪念品，顿生妒意，后悔自己为什么没开一家纪念品商店。看着游客来来往往，他的目光落在了商店里的一块牌子上，上面写着："此处讲各国语言"。

巴尔多梅罗十分惊讶，走进了商店，问托叔：

"你真的会讲各国语言吗？"

"当然不是我讲啦：是客人们，是客人们。进店的人来自世界各地，我可不会禁止他们讲他们爱讲的语言。"

9. 多次洗礼

小托满二十的时候，收到上庄村政府的一封信。信中说让他去村里办公室填写一些跟兵役有关的表格，还让他带上出生证明。

小托到了村里。办事窗口一名上了年纪、戴着眼镜的女办事员问他的全名是什么。小托从口袋掏出一张纸，开始念道：托拜厄斯·米迦勒·拉斐尔·加百列·马努埃尔·莱昂西奥·拉迪斯拉夫·洛姆多·撒图里奥……

"够了！"办事员吼道，打断了正在念着一长串名字的托叔，"没人有这么长的名字。你不会是逗我玩儿吧？王室子女也没这么多名字！"

"没有啊，女士！您看看这张证明就明白我说的是真的。"托叔回答道。我总共有十四个名字，因为我出生那会儿，牧师们给家境贫寒的孩子们洗礼的时候总会给几枚硬币。我爸妈穷得叮当响，所以就带着我去了城里的十四座教堂，让他们给我洗礼。

10. 前女友的照片

一名士兵在军营服兵役，收到了女友的一封信，信中写道：

"亲爱的安塞尔姆：三个月前我在酒吧认识了一位男士，身材高大，卓尔不群，比你要仪表堂堂得多。我们爱得无法自拔，决定即刻结成连理。所以，我给你写这封信，希望你把我的照片还给我。你的，卡门。"

士兵十分沮丧，跑回营地，搜罗了各种能找到的女孩子的照片，模特的，其他士兵女性朋友的，他们都友好地把照片借给了他。

士兵把这些照片装进一个包裹，寄给了前女友，里面附言如下：

"亲爱的卡门：我很高兴你就要步入婚姻殿堂。很遗憾，我恐怕记不得哪张是你的照片了。你在这些照片里找找你的，然后把剩下的寄回给我。你的，安塞尔姆。"

11. 放映厅禁止吸烟

电影院人满为患，观众们在欣赏电影的同时吃着爆米花，喝着冷饮，或者嚼着口香糖。

引导员手里拿着电筒，带领观众到自己的座位，并且检查是否有人吸烟。因为在有些影院里，吸烟被认为很危险，有可能引起火灾。一名引导员朝一名观众走过去，说道：

"我们影院禁止吸烟；如果您想吸烟，请离开放映厅。"

"我没吸烟呀！"观众回答道。

"您嘴里可叼着烟斗。"引导员坚持说道。

"没错！我脚上还穿着鞋呢，但这并不说明我在走路！"观众如是回答。

12. 非洲的白人

世界上有越来越多的人想要帮助亟待帮助的人。他们去到最贫穷的国度，帮助那里的居民发展教育、卫生和农业。

几个世纪以来，对穷国的援助主要由宗教界人士和传教士进行的。但如今，很多无私的年轻人也前往那些发展中国家，帮助那里的人们。

有一次，一名刚刚获得学士学位的西班牙医生到了非洲某国，对那里的人们施以援手。这名医生被带到雨林深处的一处村落，去救治一个病入膏肓的病人。进去看病人之前，医生对病人的某个家属说道：

"你待在这里，帮我看着点车里的东西，免得被人偷。"

"请您放心！"家属说道，"这儿绝不会有人偷您的东西，因为这附近只有您一个白人。"

13. 糟糕的分数

在很多中小学，学生们每三个月的学期都会收到考试成绩单。这份成绩单上有他们的考试分数，从 0 分到 10 分。9–10 分是优秀，7–8 分是良好，5–6 分是及格，而低于 5 分为不及格。

托叔的儿子马诺洛拿到了成绩单，上面几乎所有的科目都不及格。唯一及格的是体育，他体育好，喜欢赛跑、跳高、踢足球。

放学的时候已经比较晚了，天已经擦黑，马诺洛的朋友看到他快步经过村政府前的广场，往家里跑。

"喂！马诺洛！"大家都喊他，"跟我们玩儿会儿吧！"

"今天可不行！"马诺洛答道。"我得尽早回家。我妈要痛扁我一顿，学校发的成绩单简直糟糕透了！"

"这我就不明白了，你为什么那么急着回家挨揍？"其中一个玩伴儿说道。"你不会是脑子坏掉了吧？"

"我脑子可没坏，我干什么可都清楚得很！"马诺洛答道。"我得比我爸早回家，他下手比我妈重多了！"

14. 小鸡

圣诞节到了，小托收到一份通知，让他去附近的火车站取一个纸箱子，里面装着他亲娘舅达米安寄来的小鸡。

达米安舅舅在加利西亚的一个村子里有一家养鸡场。小托欢呼雀跃，领着全家人去车站取装着小鸡的纸箱子。很不幸，从车站到家里的途中，纸箱子碎了，小鸡们就在村子里的路上东跑西窜。

小托全家都追着抓起了小鸡。第二天，小托给达米安舅舅写了一封感谢信，信中讲到了此次经历：

"很不幸，小鸡们从箱子里跑了出来，虽然我们全力追捕，到处搜寻，最后只找回来九只。"

几天后，小托收到达米安舅舅的回信，信中说道：

"亲爱的外甥：你不该为那件倒霉事儿懊恼，而是恰恰相反；因为我给你们寄去的纸箱子里总共只有四只小鸡。"

15. 工作机会

一个年轻人进到酒吧，请求用一下吧台旁边的电话。于是，酒吧老板就听到了如下的对话：

"我能跟贵公司的人力资源的经理通话吗？"

过了一会儿，年轻人又继续说道：

"我给您打电话是因为上周在《公正》报上看到了贵公司的广告，想要招聘一名办事员。"

"……"

"啊！已经招到人了？你们对他是否满意？"

"……"

"那么，我再打电话也没什么意义了吧？"

年轻人挂上了电话，回到了吧台。听到他打电话的酒吧老板就对他说：

"不好意思，我偶然间听到您说正在找工作？如果是这样的话，您可以在这里当侍应生。"

年轻人回答道：

"谢谢您，不过我不需要。一周前，我在一家大公司找到了一份很好的办事员的工作。我打电话是想确认一下我的这份工作是否牢靠。"

16. 墙太薄

托叔以前一直住在一座老房子里。房子墙很厚实，屋顶很高。这是他从父母那里继承来的。房子的优点是有很多房间，而且位于村子的中心。

房子有一个小花园，托叔的老婆塞维利亚娜在里面种满了植物和花丛。不过，房子太过老旧，没有现代居所的种种舒适，比如说暖气和热水。所以，托叔和老婆决定搬到了一座新房子里。

新买的房子宽敞、明亮，不过有一个缺点：墙太薄，晚上老是传来邻居的吵架声，使得托叔无法入眠。终于有一天，托叔忍无可忍，对他老婆说：

"亲爱的，我受够了这么薄的墙了！我现在就去商店买隔音材料，解决这个问题！"

听到这话，塞维利亚娜大惊失色：

"想也别想！如果你把墙隔音了，我还怎么能听到邻居们说什么？！"

17. 结识男子培训班

夏天，初中、高中的课程都结束，年轻人都放假的时候，上庄文化社就会组织众多不同内容的培训班。这些课程一般都是烹饪、体育、自然、手工等类似的内容。

一年夏天，托叔的儿子劳尔在广场看到一张海报，上面宣传的培训班题目是："如何结识男子"。他立马就觉得有趣，报名参加了课程。

他老爸知道后，恐怕他儿子有点儿不正常，就问他为什么报名参加那门培训班。劳尔的回答让他老爸悬着的心放了下来：

"老爸，你别大惊小怪的！我就是想去认识一下那些想结识男人的女人们。"

"谢天谢地！"托叔长长松了一口气。

培训班第一次上课的日子到了，劳尔去了村里的礼堂，培训班在那里举行。想着一大把漂亮的美女在等着他，他打开了礼堂的门，发现那里一个女的都没有，只有男的。看起来，村里所有男青年都跟劳尔一样不谋而合。

18. 苹果嘛，给牧师吃

堂科斯梅是上庄的牧师，平时没什么人给他送礼。村里的居民不那么大方，而且觉得牧师们都没有子女，不需要那么多钱来过活。

所以，当村子上最穷的伊诺霍萨一家带着满满一篮子苹果来送给他的时候，他觉得十分惊讶。这家人说苹果是送给他的礼物。堂科斯梅是个心地善良、品行端正的人，他不想接受这礼物，觉得那家人太穷了，比他更需要吃那些苹果。于是他一再推辞，说这是份大礼，心意领了，但他不能吃那些苹果，最好还是拿回去。那家子的女主人拉蒙娜对牧师的再三推辞有些不耐烦了，于是真诚又略微生气地说道：

"您就快收下吧，神父！我们家的猪都不屑于吃这些苹果呢。"

19. 教授之子

拉法埃尔·冈萨雷斯博士是医学教授，知名的医生和科学家。他希望自己的儿子，也叫拉法埃尔的，能够子承父业。

儿子打小开始，教授就花很多时间教他身体肌肉、器官和骨骼的名称、位置和特定功能。小拉法埃尔中学毕业后，就注册上了医学院。

学期结束，大一新生们终于迎来了解剖学考试。冈萨雷斯教授确信自己的儿子考试必定优异。这么多年来，他都亲自给他传授这门课程。

解剖学考试的方式是口试。学生们挨个接受由三名教授组成的考官们的考核。作为父亲，冈萨雷斯教授还是有些紧张，他在考场门口等儿子出来。等到儿子出了考场，他便问道：

"怎样？考试考得怎样？"

儿子心满意足地答道：

"我得了课程最优，老爸！最赞的是他们只问了一个问题！"

"我很高兴，儿子，真替你感到骄傲！他们问了你哪个问题？"

"你老爸是谁？"

20. 小托泡澡

小托刚开始服兵役的时候，下士通知士兵们第二天要带他们去体检。第二天，小托起床，穿衣，正准备出门去医务室的时候，发现下士站在他面前。下士从上往下打量了他一番，立即命令道：

"去浴缸里面！"

小托服从了命令，他正准备从浴缸出来的时候，下士又走到他身边，问道：

"你知道我为什么命令你泡澡吗，士兵？"

"不知道，下士！"

"那么你再给我接着泡，我不回来你不许出来！"

过了一会儿，下士又出现了，问道：

"你搞明白了我为什么命令你泡澡吗？"

"明白了，下士！我真是蠢，居然之前没察觉到！我现在明白了您的苦心，您是想让我当海军。"

21. 神学博士

堂阿尔贝托·塔拉左纳是神学院的牧师和教授。在神学院学习的学生将来都会成为牧师。

堂阿尔贝托生活简单、随性，平时不穿牧师袍子。他住在老城区的一所小房子里。家里一进门，一个小牌子上写着：

"阿尔贝托·塔拉左纳

神学博士"

有那么一次，塔拉左纳教授的年老的女仆给一个女邻居开了门，毫无疑问，后者把堂阿尔贝托误当作是一名医生，因为人们管医生也叫做 doctor。

"Dr. 塔拉左纳在家吗？"那个女邻居问道。"我老公病得很厉害，需要他快去给看看。"

"非常抱歉，女士，他去也没有用。"女仆孔塞普席翁答道。"Dr. 塔拉左纳不是那种救死扶伤的 doctor，他是那种让别人相信死后生活更美好的 doctor。"

22. 驾校

古铁雷兹先生觉得儿子达米安不像是能开车的料。不过，在儿子的一再坚持下，他还是同意他去驾校学开车。达米安每天都去练车，回来的时候就跟他爸爸说：

"我简直是进步神速，老爸！"

一天下午，古铁雷兹先生去了儿子练车的地方，看到儿子在教练的陪同下练车。当儿子兴高采烈地从车里钻出来的时候，他问道：

"你觉得能跟这个教练学到东西？他就是个糟老头子！你没看见他头发全都白了吗？"

教练听到这些话，大声说道：

"先生，您在冒犯我！您要知道，刚开始教你儿子开车的时候，我的头发可是跟您的头发一样黑！"

23. 能生孩子的女人

祖勒玛是一个哥伦比亚女性，她生了二十二个孩子，个个都是儿子。

她跟孩子们一起住在雨林里挨着河边的家里。

首都的一名记者获悉这样一位多子的女性后，便在报纸上发了一篇新闻。很快，记者们便纷纷前去采访祖勒玛。

"您的儿子们都叫什么呢？"这是第一名记者的问题。

"鲁本。"祖勒玛答道。

"其他的呢？"

"鲁本。他们都叫鲁本。"

"这是为什么呢？"

"因为我很喜欢这个名字，而且还很方便：您想想，如果要叫他们每个人都回来吃饭的话，会是个麻烦事儿。相反呢，现在我只要喊一句：鲁本！所有人就都回来了。"

"明白，那如果您只想叫其中一个人呢？"

"那我喊他的父姓就好了。"

24. 推荐信

小托在巴塞罗那一家重要的出版社觅得了一份工作。他要做的就是把书装箱，随后，这些书被发往西班牙和美洲不同的地方。

小托不是个好员工，自由散漫，上班时百无聊赖。不仅几乎天天迟到，工作的时候还跟同伴插科打诨，浪费掉不少工作时间。

有那么一天，他决定要换工作。他去找社长讨要一封推荐信。社长还是喜欢小托的，后者生性纯良、脾气又好。但社长也不想违心。他既无法拒绝给自己的员工写推荐信，又不能写得直言不讳。换言之，他不能写小托其实就是个懒汉。不过，社长满脑子都是主意。他好好琢磨了一番，写了下面的推荐信：

"托拜厄斯为人和善，性格开朗。对上司忠诚，同时又深受同僚爱戴。这样一位人物能为君所用，实乃一大幸事！（要是您能吩咐得动他给您干活，实乃一大幸事！）"

25. 卡在隧道里的货车

有一次，一辆大型货车卡在了隧道顶端。隧道穿越崇山峻岭。公路很快就被切断，交通也中断了。

当务之急是尽快疏通隧道的交通；为此，当局往事发地派遣了一队工程师和专家，试图挪出货车。但费了九牛二虎之力，也没人能够挪得动那辆车。三天徒劳的努力之后，一个十来岁的小男孩儿走到一位工程师面前，说道：

"先生，如果我告诉您把货车挪出来的方法，您打算付给我多少钱？"

工程师不屑一顾地说道：

"小屁孩儿，到一边玩儿去！"

"可是先生，我保证给您一个解决问题的好办法。您只要给我买一辆新自行车就好，您看怎样？"

"好吧，一言为定。你现在告诉我怎么把货车从隧道挪出来吧？"

"小菜一碟。"小孩子回答道。"你们把每个轮胎的气放一点儿不就行了！"

26. 马德里的伯父伯母

小托的伯父伯母一家住在马德里。小的时候，他们每年都会来到村子里，坐着一辆黑色的大轿车，有专门的司机开车，给小托全家带来贵重的礼物。

小托稍大些的时候，每每经济窘迫，就会去找伯父伯母，或者给他们打电话，然后他们就会给他寄钱。

数年后，堂姐通知他参加自己的婚礼。小托跟伯父伯母说自己没钱去马德里，但是又想去参加婚礼。很快，伯父伯母给他寄了一张机票。

小托很快就给伯父打电话，说急需他寄些钱给自己。

"已经给你寄了机票了啊！"小托的伯父说道。"你来马德里不需要任何花费，你住在我家。而且，操办你堂姐的婚礼花了我们很多钱。讲真，你要那么多钱干什么？！"

"看在上帝的份儿上，伯父！"小托回答道，很受伤。"这么多年来，你们为我做了这么多，你不会以为我会两手空空去参加你们女儿的婚礼吧！"

27. 一家子自私鬼

托叔的儿子冈萨罗一天放学回家，去姐姐恰洛的房间，向她说道：

"恰洛美女，把你的圆珠笔借给我一下吧，我得写学校布置的作业。"

姐姐回答：

"不行，那样你会费我的笔。"

冈萨罗有点儿小失落，于是去找老爸，后者正在客厅桌子上记账。

"老爸，把你的圆珠笔借给我一下吧，我得写学校布置的作业呢！"

托叔看也不看他一眼，回答道：

"不行，给你用会费我的笔。"

冈萨罗又去了厨房，老妈正在做饭。

"老妈，把你的圆珠笔借给我一下吧！"

老妈同样回答道：

"不行，我的儿！那样会费我的笔，我还得用它写购物清单呢！"

冈萨罗摘下帽子，挠挠头，恨恨地说道：

"真是一家子自私鬼！我这是生在什么样的一个家庭啊！看来我只能用自己的圆珠笔了！"

28. 健忘的人

托叔去城里看望以前的老师堂安塞尔莫，后者已经年满九十了。托叔给他带了蛋糕，他对老师仍有很深的感情。

堂安塞尔莫一直是个和蔼又有耐心的老师，尽管托叔是个调皮捣蛋的坏学生，在老先生的课上，他还是学了一些知识。堂安塞尔莫招待了托叔，很高兴一个老生还记得他，坚持要请他在家吃饭。

席间，堂安塞尔莫一直对老妻甜言蜜语的，这让托叔很是诧异。开餐的时候，老先生说："亲爱的，把盐递给我一下。"过了一小会儿，他又对她说："我的挚爱，能把面包递给我吗？"用餐完毕，他又对她解释道："我的天使，今天我就不洗盘子了，因为这个老生来拜访我了呢。"

当托叔跟堂安塞尔莫单独在一起的时候，他低声说道：

"堂安塞尔莫，我真是有点儿惊讶。您跟妻子结婚这么多年了，仍旧爱意浓浓，简直不可思议。您还一直对她说一些甜言蜜语。"

堂安塞尔莫瞅了瞅厨房的门，答道：

"不是这么回事儿。我的记性不太好，已经十年了，我都记不得厨房里那个女的叫什么了。"

29. 坠入爱河的老先生

堂艾里亚斯是托叔的老相识。他结过婚，有好几个孩子。但现在成了鳏夫，子女也不和他住在一起。为了打发时间，他决定去海外旅游。旅行社建议他参团前往希腊及其诸岛旅游。

　　参团的好处就是很热闹，里面有不同年龄、不同出身的人。旅行归来，堂艾里亚斯给托叔打电话，说有急事找他商量。

　　"老托，你是个有经验的人，又是我的朋友，我真的需要你的建议。此次希腊旅行途中，我认识了佩内洛普，她是马拉加人，人极漂亮，又很热情，我们成了十分亲密的朋友。我很喜欢她，想跟她结婚，但又不知该怎么办。她很年轻，而我都已经六十五岁了。你觉得我跟她说我只有五十岁的话，这件事会更有戏吗？"

　　"她今年多大了？"托叔问道。

　　"二十二岁。"

　　"那么，"托叔说道，"你该做的就是拼命往她身上砸钱，让她觉得你很富有；然后呢，跟她说你已经八十五岁了。"

30. 年轻三十岁

　　一位上了岁数的女士去看整形外科医师，对他说道：

　　"大夫，您得让我年轻三十岁。我通过写信认识了一个好男人，他是澳大利亚人，一个月之内就来看我，并跟我结婚。问题是我跟他说的年龄比我实际年龄小三十岁。我不在乎花多少钱，我只想抓住我这辈子唯一的机会。"

　　医师给她做了检查，看得出时光在这个女人身上留下了深深的痕迹，于是说道：

　　"女士，对您提的要求我恐怕无能为力。"

　　"要不大夫您给我推荐个别人吧！"

　　医师在一张纸上写了点儿什么，然后交给了她。

　　"上面写了一个地址，那个人能帮您去掉您想要去掉的岁数。"

　　"他也是整形外科大夫？"

　　"不是，他是伪造出生证明的。"

31. 化装舞会

　　为了庆祝年关，村里组织了一场化装舞会。村长拿出三百欧元来奖励装扮最有创意的人。

　　村里所有的邻居也都来参加舞会，每个人装扮都不同。托叔通过一个在马戏团工作的朋友搞来了一套很有创意的装束：猩猩装。他的装扮大获成功，赢得了奖励。

　　不过托叔有个问题：喝了太多啤酒，一晚上都没能上厕所，因为上厕所得脱了那身衣服。回家的路上，他实在忍不住，就脱了装束，赤身裸体，在墙根下撒尿。

　　正在此时，一个八字胡、戴眼镜的警察出现了。托叔很不好意思，根据村里惩罚此种不法行为的罚金，他给了警察九十欧元。托叔抱歉地说道：

　　"我扮了一晚上的装，所以……。"

　　对方边跑开边回答道：

　　"我也是呀！"

32. 托叔看眼科

　　托叔和他老婆塞维利亚娜去看眼科，因为托叔的视力有问题。医生是个中年男子，头发花白。他让托叔坐在高脚凳上，面无表情地对他说：

　　"用右手捂住左眼，看我的右手。"

　　"您能再重复一遍吗？"托叔一脸茫然。

眼科大夫又把自己的指示又重复了几遍,托叔太紧张了,完全听不懂指令的意思。大夫不想浪费时间,就拿了一个纸盒子,上面挖了个孔,戴到托叔的头上,说道:

"现在你看着我,注意我移动的这只手。"

眼科大夫发现托叔流下了眼泪,于是问道:

"怎么了?您怎么哭了?"

"您不知道,大夫,"塞维利亚娜打断道,"他以为您要给他配的是玻璃眼镜,好让他看起来像知识分子呢!"

33. 托叔在沙滩上

那年夏天,托叔一家决定去海边度假。他们同一对朋友夫妇菲利普和欧拉利亚一起在托雷莫里诺斯海边租了一套公寓,来度过整个八月份。

西班牙沙滩众多,每年都有好多海内外游客前往。托雷莫里诺斯位于马拉加省的阳光海岸,是最受外来游客欢迎的地方。有很多十分年轻漂亮的瑞典、丹麦、意大利等国家的女郎也会去那里。

托叔自诩会多国语言。事实上呢,他也就靠懂几个词和瞎比划跟人交流。第一天,他们去了沙滩泡澡。托叔走到一群外国姑娘身旁,就跟她们中的一个打情骂俏。塞维利亚娜的闺蜜欧拉利亚说道:

"你看看那儿!你老公正想泡一个超正点的瑞典妞儿呢!"

"呵,呵,呵。"塞维利亚娜笑了。

"你老公在勾搭别人,你还笑得出来?"欧拉利亚有点儿诧异。

"是呀,而且我还在计着时呢!我倒想看看他这样把大肚皮缩回去还能挺多久!"

34. 前所未见

托叔站在山岗上,暮色沉沉。他远远看到一个朋友,扛着袋子,从这里经过。托叔给他打手势,好让朋友过去。朋友走近到山脚下,托叔朝他喊道:

"拉法埃尔!拉法埃尔!到这儿来!机不可失!真是稀罕呐!你快爬上来!"

拉法埃尔不想爬到托叔那儿,一来有点儿远,二来呢,他扛的袋子有点儿重,他又不想把袋子放到地上,怕被人偷。于是他就打个手势跟托叔告别:

"我不行呀,我有急事儿,回头你再讲给我听吧!拜拜!"

但是托叔又打手势让他爬上去,同时对他喊道:

"拉法埃尔!拉法埃尔!你快爬上来!"

最后,拉法埃尔经不住好奇心,决定听托叔的,然后就开始费劲地顺着坡往上爬。二十分钟后,他气喘吁吁地爬到了山坡上,对托叔说:

"快说说,有什么可看的?"

托叔得意洋洋地说道:

"你仔细看,从这儿能看到你家!"

35. 小号

一个男的去医生诊所看病,他的膝盖很疼。医生仔细给他做了检查,做了几项化验,最后对他说:

"我大概知道怎么回事儿了。莫非您会吹小号?"

"是呀,医生。为什么这么问呢?"

"因为这正是您膝盖疼痛的病因。"

那个男的摸了摸膝盖，想了一会儿，然后说：

"可是医生，我吹小号跟我膝盖疼有什么关系呢？"

医生很严肃地看着他：

"您看，我是医生，我学了六年的全科和四年的专科，我知道就是这么回事儿。所以，为了您能够康复，就不要再吹小号了。"

"好吧，"那个男的屈服了，"您是专家。我会把小号卖了。"

病人离开诊所后，护士对诊断十分好奇，对医生说道：

"医生，我真的看不出小号跟膝盖疼有什么关系！"

"原因很简单：那个病人不知道我们是住同一个楼，每回他吹那该死的小号，我都要疯掉！"

36. 各就各位

托叔任上庄村长的时候，有两个星期在马德里住院。趁他不在，村委开了个会，通过了在村里修建一家化工厂的决议。

作为一村之长，托叔从来都是反对给影响村子水源的污染企业开绿灯。但是，企业说服了大部分村委会委员，还给其中一些人塞了很多钱。

托叔回到村里，召集所有委员在村政府大厅开会，对他们说道：

"这间屋子这边所有的委员都是贪污犯！那边所有的委员都是蠢货！"

托叔同一党派的一名叫马里亚诺的委员不高兴了，站起来喊道：

"不好意思，我可不是贪污犯！"

"那就请你站到另外一边去，蠢货！"托叔回答。

37. 小托在影院

有一天，小托去城里的电影院看电影。他以前从来没去看过电影，只知道通常得在位于入口处的售票处买票。

于是，小托走到电影院门口的售票窗口，要了一张票，付了钱。售票员提醒他尽快入场，因为电影很快就要开始了。

没过几秒钟，小托就回到售票窗口，又买了一张票。售票员卖给了他，想着他可能要跟别人一起看电影。过了一会儿，小托又出现在了售票窗口，气呼呼的，准备再买一张票。售票员好奇地问他：

"您又碰到了一个朋友？"

"没有！"托叔不爽地回答道。"我自己来的。"

"那您为什么买这么多票呢？"

"因为电影院门口站着一个又高又壮的大汉，我每次想进去，他都把我的票给撕掉！"

38. 班级第一

那个星期，托叔的儿子米盖尔拿了全校第一，老师当众祝贺了他。考班级第一是件值得骄傲的事情，所以，当米盖尔的好友兼同学恩里克看到他在学校后院烧掉成绩单的时候，感到很诧异。

"你为什么这么做？"恩里克问他。"你把成绩单拿给你爸妈看，他们肯定会给你买甜点和糖果，还会给你钱去看电影。甚至有可能给你庆祝一番呢。"

"没错。"米盖尔回答道。"今天他们把我当国王看待，但是以后呢？我考得一般的时候，这是我正常的水平，就会听到他们抱怨，说我懒，本来能拿班级第一，却甘愿平庸。他们会指责我，说我本能当个工程师或者律师，挣很多钱，给他们买一座好房子，让他们安度晚年。如果由于我的过错，他们没弄到好房子，就会说我是个不肖子孙。所以呢，我可不想他们有不切实际的幻想，也不想跟自己过不去，我能做的最好的就是烧掉成绩单了。"

39. 掷骰子

八月份的时候，托叔的村子里庆祝节日。每逢此时，村里的大广场满是游艺场所和货摊。

引起托叔特别注意的是一个小的摸彩摊子，它的广告牌上写着：

"来试试运气吧！

只要十欧元就能赢得这辆超级棒的敞篷轿车！"

托叔一直都很喜欢敞篷轿车：优雅的人士都有敞篷轿车，女孩子们也喜欢坐它来兜风。而且，托叔很会玩骰子，跟朋友们在酒吧玩，他总是赢。

赌注不大，只有 10 欧元，而奖品则是价值成千上万欧元的轿车。托叔走近摊主，付了钱，在一张小桌子前坐下。摊主给了他骰子，说道：

"如果掷出 1 到 5，您就输了。"

"那我掷出 6 的话，就赢了轿车咯？"

摸彩的摊主面无表情地回答道：

"不，掷出 6 只能再给您一次重掷的机会。"

40. 胖乎乎的女售票员

托叔年轻的时候非常喜欢看电影，可是他们村里那个时候还没有电影院。

小托跟上庄众多邻居一样，只能偶尔在村里有节庆时才能看到电影。有人从首都来，带着放电影的设备，用大广场上一家一面白色的大墙充当荧幕。所有邻里都从家里搬椅子到广场上，坐下来。灯光熄灭，电影开映。小托总是梦想着自己长大，可以去首都的影院看电影。

终于，他满十五周岁时，跟两个朋友一起，去了城里，看一部村里好多熟人都跟他推荐的一部美国片。

他们到电影院时，看见很多人在买票，售票窗口前排着一条长队。小托和朋友也排起了队。排到售票窗口的时候，他们看见一个奇胖无比的女售票员。其中一个朋友惊讶地说道：

"我真搞不明白，她是怎么钻到那里面的，售票窗口的门这么小！"

小托脸上满是自负，说道：

"你真是头蠢驴！这位女士从小进去后就没出来过！"

41. 托叔挨了一耳光

有一天，托叔和他老婆塞维利亚娜去了城里。他们拜访了托叔的一个律师朋友，后者在一幢二十层的大楼里办公。

大楼里有五部大型电梯，每部电梯里可容纳十人。托叔和他老婆进了一部电梯，里面还有另外五个人。

电梯停在了六楼，又上来了两个人。其中一个是妙龄女郎，一头金发，十分漂亮，站到了托叔和塞维利亚娜两人的中间。

托叔开始死死盯着那女郎看，而他老婆也越来越怒火中烧。几秒钟后，女郎大叫一声，立即给了托叔脸上一巴掌。托叔和塞维利亚娜下了电梯。托叔又不解又羞愧，对他老婆说道：

"我真的不明白刚才发生的事情，我发誓没对那个姑娘干过什么！"

塞维利亚娜笑着答道：

"我信你，是我掐了那姑娘一把。"

42. 小托和媒婆

托叔年轻的时候，村子里的青年还是常常通过媒婆的帮助来找对象。媒婆是岁数比较大又有经验的女人，她认识村里的男男女女，对他们的财富、相貌还有性格好坏都了如指掌，这样她就能把那些个男男女女的给配成对。

有一天，媒婆来找小托，对他说：

"小托，你想要什么样的新娘子我这儿都有，绝对会如你所愿。我小本上有各种女人：富有的和貌美的，活泼的或者正经的，聪明的或者笨的。"

小托回答道：

"我想为了爱情而结婚，但我很穷，所以我得找个有钱的新娘。您那儿有合适的吗？"

"我有一个理想的人选，人漂亮，家里有钱，随时可以介绍给你。"

"这姑娘的嫁妆都有什么？"

"按照她的年龄，每岁两千欧元。"

"那她多大了？"

"二十岁。"

"啊！那她对我来说有点儿太年轻了！您再看看这姑娘有没有个 35 或 40 岁的姐姐。"

43. 一袋子梨

托叔在村外有一小块庄园，里面种些水果和蔬菜，还养着些家畜：两打母鸡，几头猪和一头驴。

有一天，托叔扛着满满一袋子东西，经过村里的广场，往家里走去。他的朋友们正跟往常一样在酒吧里聚会，刚好看见他经过，其中一个人冲他喊道：

"老托，快来！把东西放到地上，过来跟我们喝一杯！"

托叔接受了邀请，把袋子放到了地上。另一个人就问他：

"你那个大袋子里装的什么呀？喂驴的草料吗？"

"不，不是草料。是梨咧，好吃极了，美味极了！"托叔回答道。

问话者走到袋子旁边，试图搬起来，可是没办到。他很惊讶，问托叔：

"你怎么能扛得起这么重的东西？"

托叔抓起袋子，用力搬了起来，说道：

"真是挺沉！这些梨要不是从村长家庄园弄的，我还真搬不起来呢。"

44. 四十五度高温

夏天那几个月，西班牙有些地方炎热异常。

那时正是八月份，马德里阴凉处的气温都超过 45 度。那时候的政府严密监视着有反政府言论的可疑国民。

托叔到了马德里北站，走在大街上，气喘吁吁，大声说道：

"这让人无法忍受！这真的让人无法忍受！"

此时，从他后面走上来两名便衣，一脸严肃：

"请您跟我们来！"其中一人说道。

"为什么？我什么都没做啊！你们要带我去哪儿？"

"去警局。"看起来年长的那位说道。"您刚刚说这个国家的政府让人无法忍受。"

"这跟政府有什么关系？我是说天气热得让人无法忍受！"托叔抗议道。

"你看你撒谎了吧！"年轻的那个警察说道。"天气热是可以忍受的。"

45. 托叔游埃及

埃及一直以来就是个旅游胜地，很多欧洲人和美国人都前去参观。人生至少有那么一回，会想要去见识一下巨大的金字塔和乘船沿着尼罗河航行。

那年，托叔攒够了钱，决定夏天去埃及度假。作为特色，到了开罗后第二天，他安排了一趟金字塔之旅。到那儿后，托叔发现，可以租骆驼骑着照相。

他注意到，有些骆驼收费五美元，而有一头只收一美元。看到这个便宜，他就跑过去骑。他给了骆驼主人一美元后，就骑了上去，照了张相。等他想从骆驼身上下来的时候，它竟然不弯腰趴下。没办法下来，托叔冲着主人，问他该怎么办。骆驼的主人回答道：

"先生，很抱歉给您带来了麻烦，不过这头骆驼确实是死脑筋。要是您自己下不来，我可以派我的侄子阿卜杜尔找梯子来，只收您二十美元。"

46. 商人托叔

托叔为了养家糊口竭尽所能，他什么都干。虽然一辈子干了好多行当，他最想做个商人。

商人就是花便宜的价格在一个地方买东西，然后用更高的价格在另外一个地方卖出去。

托叔的老婆塞维利亚娜建议他别经商，因为她觉得托叔没那个头脑。于是托叔就想证明给他老婆和全家人看看他是个多么聪明的商人。

终于有那么一天，托叔兴高采烈地回到家，说道：

"你们还记得我一周前花了十欧元买的那条狗了吗？我今天拿它卖了三万欧元。"

塞维利亚娜看着他，满脸狐疑，说道：

"三万欧元？钱在哪儿呢？"

"钱嘛，"托叔说道，"对方给了我两只猫，每只猫一万五千欧元。"

47. 作风正派的乞丐

托叔又开始跟朋友们整晚地消遣。他们聊天、喝酒好几个小时了。走在街上，他碰到了一个衣衫褴褛的人，面色消瘦，胡子拉碴，对他说：

"行行好吧，看在上帝的份儿上！"

"我敢肯定，你讨钱拿去买酒喝！"

"不是的，先生，我不喝酒。我这辈子都没喝醉过酒！"

"那肯定就是拿去挥霍在女人身上……"

"不是的，先生！我从来都不干这种事！"

"那么，必定是去玩宾果或者玩牌了！"

"也不是的，先生！我是个正派人，我向您发誓！我这一辈子都诚实劳动，从来没喝过酒，也没把钱用来寻花问柳，更别说把钱浪费在赌博上了！我总是从家里直接就去上班，下班就回家。"

托叔饶有兴致地盯着乞丐看，说道：

"要是这样的话，你来我家吧！我要给我的老婆看看，一个正派的男人会落得个什么下场！"

175

48. 惊慌失措

有一天，托叔的一个儿子在卫生间刮胡子，突然听到院子里有人说："安塞尔莫！安塞尔莫！你丈母娘要死了，已经送医院了！"

托叔的儿子紧张万分，刮胡刀把脸也给割伤了。然后，他顾不上拿一件衬衣，提着裤子就跑到了街上，骑上一辆门口停着的摩托，全速赶往医院。无奈实在运气很差，拐弯的时候，滑了一下，从车上掉下来，狠狠地摔了一跤。

几个路人前来救助，并打电话叫了救护车。救护车几分钟后到了，医护人员把他抬到担架上，送到了医院。医院里，一名年轻的医生给他做初步诊断，同时问他事故的原因。

"我真是慌了神，才落得如此下场。"托叔的儿子痛苦地回答道，"我不叫安塞尔莫，我也没结婚，更糟糕的是，我根本不会骑摩托车！"

49. 健忘的男人

马丁内斯夫妇结婚四十二年了。他们育有两儿一女。大儿子在美国工作，是计算机专家。小儿子在马德里学法律。女儿已经结婚了，跟他们住在同一座城市里。所以，夫妇两个独自生活。

马丁内斯先生已经退休，大部分时间在家里，集集邮，自娱自乐。马丁内斯夫人以前常常跟女友们相约，最近也不怎么出门了。原来，在他们家干了好多年的女佣人退休了，她不得不处自己理家务。家里的事情不多，不过，由于她不习惯做这些，家务就占据了她所有的时间。

有一天，马丁内斯夫人跟丈夫发火了：

"安德雷斯，你真是无可救药！一个月前，我给你一封信，让你投到邮筒里，可我刚刚发现它还在你夹克的兜里！"

"你说的有道理！"马丁内斯先生回答，"不过，说来也巧，也是那天，我把这件夹克给你，让你给缝个扣子，可到现在也没给我缝好呢！"

50. 苏格兰女友

在外国人看来，苏格兰人以吝啬而闻名。恰恰相反，他们却自认为勤俭、节约。

苏格兰多山，很多世纪以来，苏格兰人为了能够体面地生活，不得不处处节省，不浪费钱。

有那么一次，一个苏格兰小伙子进了村里的电报所，发了一份电报，向新近结识的一位姑娘求婚。他把电报给了窗口的姑娘，然后就坐下来等答复。

在等待期间，他跟电报所那个亲切的姑娘成了朋友。年轻人在那里等了一整天，直到下午六点半才得到答复。

答复得这么晚，电报所的姑娘就斗胆进言：

"您确定要这么做吗？请再好好想想。看起来你女友没那么急着答复，她犹疑不定的。或许这不是个适合您的女人……"

"啊！"年轻人回答，"这正是适合我的女人！她可不像现如今大部分姑娘，满脑子不切实际的幻想！她一直等到发电报的夜间价格才发报，跟任何一个头脑理智的人一样！"

51. 航空公司的促销

北美某航空公司的新任经理决定在飞往欧洲的航班上做一次促销。他的想法是给那些陪着丈夫一起商务旅行的妻子们的机票打半折。

经理跟合作者们讨论，如何推出新的促销广告比较好。有人想到，让这些已经享受飞行折扣的妻子们提供点证明材料会让广告比较有吸引力。于是，他决定给在此条件下已经旅行过的前五十名商界人士的妻子们寄一封信。

信里要求这些妻子们简短写一下有关欧洲的逗留、旅行印象以及跟丈夫一起旅行的愉快。

作为麻烦她们写这些旅行印象的补偿，航空公司让所有回复信件的妻子们参与抽奖，奖品是十个巴黎或伦敦免费五日游的机会，所有费用都包。

但是，结果却出乎意料。大部分妻子都回复说她们都没进行过任何旅行，另外一部分则打电话，好奇地问："你们指的是哪次旅行？"

52. 在疯人院

有一回，一位貌美的女记者去参观城里的一家疯人院，以便做一次深度报道。她在那里忙忙碌碌待了好几天。

在疯人院的走廊里，活动室里，花园里，她都看到了好很多病人。有些人在玩耍，另外一些人在听音乐，还有一些在自言自语。总体看来，大家都心平气和。

但是，在疯人院里四处走动的时候，她好几次都碰到一个中年女子，每回都恶狠狠地瞪她。有那么一回，女记者在院长的陪同下，又碰到了那个女人，后者用仇恨的眼神死死盯着她。

女记者问院长：

"您注意到那位女士的眼神了吗？"

"注意到了，那眼神我再熟悉不过了。"院长回答。

"那个女人危险吗？"

"有时候是的，很危险。"

"那您为什么不把她给锁起来？"

"我可不能，那是我妻子。"

53. 人事遴选

某家大公司的经理召集应聘女秘书的候选人。为了确保优质人才的遴选，公司聘请了一位心理学家来给这些应聘者做一项测试：

"四加四等于几？"

第一个立即回答：

"等于八！"

第二个人想了一会儿，回答：

"四十四！"

第三个人沉思了几秒钟，终于答道：

"不一定，可能是八，也可能是四十四。"

心理学家把测试结果告知了经理。

"第一个回答得中规中矩；第二个和第三个人觉得有陷阱，想要展示出自己有多聪明。您怎么看？"

"那么，我会把职位给有最好举荐的人。很不幸，这个人就是那个黑乎乎、戴着眼镜的女的，那是我老婆的表姐。"

54. 兽医

托叔感觉很不舒服：肚子经常疼，时不时感到晕厥，浑身不自在。

他老婆塞维利亚娜坚持让他去看医生，可他怕看医生，怕去医院，一直不听他老婆的。而且，托叔痛恨医生，觉得他们都是不学无术的庸医。

托叔痛感越来越强烈，塞维利亚娜叫来邻居和亲戚，一起把他架到了医院。

到了医院，托叔住进了病房，大夫问他一些常见的问题：哪里痛啦，什么时候开始不舒服啦。托叔脾气很倔，死死盯着大夫，一言不发。

最后，大夫来到了走廊里，对托叔的老婆说道：

"女士，您老公很执拗，不肯跟我说他哪儿疼。"

"那就请您搞清楚吧，大夫！"托叔的老婆回答道，"我们可是付了钱的！"

"要是这样，女士，"大夫说道，"您最好带他去看兽医，他们是不问病人问题就开方子的。"

55. 糖果店的派送员

十三岁的时候，小托在村里的糖果店觅得了第一份工作。糖果店叫"甜点联盟"，店主是堂艾里亚斯，店里卖各种糕点和甜食。

小托的工作就是给聚会送糕点，给生日会或村里举行的任何一场特别的庆祝送蛋糕，或者就是根据人们所下的订单送货上门。当糖果店的派送员是每个孩子的梦想。

小托的朋友们听到这个消息，纷纷说道：

"小托！你真是运气好！我敢肯定，你送来送去的，已经吃腻了糕点和糖果。"

小托回答道：

"不是的，我才没那么傻呢。如果我真这么干，这活儿干不了两天。堂艾里亚斯是个吝啬鬼，他总是清点好糖果和糕点的数量。"

"那你还干什么干！？如果连糕点都不能吃，在糖果店打工有什么意思？"

"唔，"小托说道，"我能每种糕点都舔上几口就很知足了。"

56. 临终的病榻上

有那么一回，托叔病得很厉害，一家人都觉得他快要死了，全家人和朋友们都围在病榻前。

垂死的托叔费力地说道：

"你们别忘了，我们的裁缝邻居还欠我一千欧元。"

托叔的老婆塞维利亚娜转过头来对在场的人说：

"裁缝欠我们一千欧元，诸位便是见证。"

"我给商人菲格罗亚家里干过活，他还欠我两千五百欧元。"托叔继续说道。

他老婆又回过头来，对在场的人说：

"商人菲格罗亚欠我们两千五百欧元，诸位也是见证。"

"你们也别忘了，我还欠店主埃斯皮诺萨六千欧元。我可不想离开这个世界后，还欠着这么一个好人的钱，他有好几年都赊给我们吃的。"

"噢，我可怜的老公！"塞维利亚娜叫道，很紧张，"他肯定是脑子不清楚了，开始说胡话了！"

57. 匿名信

人们写匿名信来攻击别人，以免遭报复。他们也给丈夫们通风报信，讲关于他们老婆或真或假的事情，反之亦然。

托叔家里的聚会上，有个叫作雷米吉奥的家伙，他是村里的书记。雷米吉奥爱记仇，他不能接受托叔比他更有亲和力和更加机智。他自认为是个文化人，总想对一切都评头论足，又自觉有理。虽然他几乎从未说服过别人，因为托叔比他更擅长这一点。

自然而然，雷米吉奥对托叔恨之入骨。

有一天，他们激烈争论了一番，托叔明显又是占优的一方。几天后，托叔收到一封匿名信，信里只写了一个词：蠢货。第二天，在聚会上，雷米吉奥也在场。托叔从兜里掏出那封信，给所有在场的人看，他特意盯着嫌疑人的眼睛，评论道：

"你们看，这真是一件大大的怪事！我这辈子收到过好多封未署名的信，昨天，却头一遭，收到了只有署名没有内容的信。"

58. 威士忌品酒师

那个省份的省会有二十多万人，有一座古老的大学，学校里有几千个年轻人学习。

城里有很多家酒吧，学生们花很多时间在酒吧里喝酒、聊天，特别是周末的时候。

有一天，托叔去这座城里看望儿子，在街上偶遇他的老朋友安东尼奥。安东尼奥在村里是出了名的酒徒。托叔也能喝酒，不过他承认，安东尼奥比他能喝。

在街上碰到他，托叔很是高兴，问道：

"你现在干什么工作啊？"

"我是苏格兰威士忌专家。"安东尼奥回答。

"你的工作具体是干什么的？"

"很简单。我给一家酒吧连锁店工作。每天我往返于城里我们的每一家酒吧。如果我发现哪家的威士忌是真的，我就立即开除那家酒吧的经理。"

59. 疑病症患者

疑病症患者是那些老觉得自己生病，而实际上没什么毛病的人。疑病症是一种精神疾病，得这种病的人常常担心和焦虑自己的健康。

托叔身体很健康，极少着凉或者感冒。尽管如此，他坚信自己浑身都是病。每当他的同伴或者朋友在酒吧里给他讲得了什么病，他立刻就开始觉得自己跟说话人有着同样的症状。

一天，托叔心急火燎地去村里的诊所找到巴尔布埃纳大夫，对他说：

"大夫！大夫！我刚刚得了肾病！"

"可是，老托，"大夫有点儿吃惊地说道，"你怎么就能断定自己得的是肾病呢？要知道，如果得了肾病，最开始是感觉不到任何疼痛和不适的啊？"

"哎呀，大夫！"托叔大惊一跳，"这正是我现在的症状啊！"

60. 总统府的庆典

某个国家的总统府内正在搞招待会，来纪念独立日。军事委员会主席接到一位嘉宾、某个友邦国家大使的知会，想要紧急会见一面，向他提出抗议。大使走过来，军事委员会主席十分殷勤地说道：

"大使先生，听说您要提出一个抗议，对吗？"

"是的，阁下。在这个庆典上，有人偷了我一块价值不菲的金表。"

"真是难以置信！您有怀疑的对象吗？"

"我觉得偷我表的是吸烟室里那个胸前别着白花的先生。"

"呃……那可是我们的司法部长呀！"

"真抱歉，阁下，我可能搞错了……"

军事委员会主席离开了几分钟，过了一会儿又回来了，手里拿着一块金表。

"这是您的表吗？"

"是的，阁下。您又是怎么跟部长说的？"

"我什么都没说，他甚至都没察觉到。"

61. 女人的精明

托叔最近几周举止有些异常，每天很早就出门，一直到晚上很晚才回来。

他通常都邋里邋遢的，最近却浑身焕然一新：给自己买了一件优雅、运动系的外套，还去理发店理了一个时髦的发型。以前他的衬衫都是灰色系，现在他喜欢的衬衫都是显眼的颜色。

他的脾气也改了，现在更加活跃、风趣，笑意盎然。

有天晚上回家后，老婆塞维利亚娜死死盯着他，说道：

"你衬衫领口有一个红印子。"

"当然没有了！"托叔十分肯定地回答。

"确实如此，你的衬衫上确实没有印子。"他老婆说道，"不过，你已经回答了我想要问的问题。"

62. 长命百岁

梅尔加德斯是上庄教区牧师堂科斯梅的教徒。他非常虔诚，一辈子都定期去教堂。但是，年满一百岁后，他突然就不去了。

堂科斯梅知道，从他当教区牧师后，梅尔加德斯从没缺席过周日的弥撒。他想，或许这位年迈的教徒有了严重的健康问题，毕竟他那么大岁数了。于是他就决定去后者家里拜访他。

牧师到了梅尔加德斯家里，敲了好久的门，都没人回应。堂科斯梅担心他出了很严重的问题，于是就决定立刻去找医生来。他觉得还应该打电话给警察，来把门打开。但是，当他经过菜园的时候，看见梅尔加德斯正在悠然地浇着菜。

"梅尔加德斯，很高兴看见你身体无恙。"堂科斯梅说道。"不过，都这么多年了，你为什么不去教堂了呢？"

"您瞧，牧师先生，我想了下，我能活到一百岁，那是因为上帝忘了我的存在。所以，我就不想再去教堂了，免得他看见我后，好奇我为什么还活在这个世上。"

63. 禁止吸烟

西班牙禁止在公共交通工具里吸烟。但是呢，总是有人在里面吸烟，哪怕看到禁止吸烟的牌子也是如此。

西班牙人不喜欢别人禁止他们做什么，很多烟民觉得在哪儿吸烟是他们的权利，哪怕是法律明令禁止。

在出租车里，禁止吸烟实施得就不像其他交通工具那么严格了。如果司机想抽烟，乘客也想抽烟，就妨碍不到谁。

有一天，托叔去城里看望一个生病的姑姑。从汽车站出来，他决定打个车直接到姑姑家门口。因为姑姑住得远，他携带着一件很重的行李，对城里又不熟，生怕迷路。

跟出租司机说了地址后，托叔问道：

"车里能吸烟吗？"

"不能！"司机生硬地回答道。

"那这个烟灰缸干嘛用的？"

"给那些不问（能不能吸烟）的人用的。"司机答道。

64. 夜盗

托叔的村子上庄发生了一系列盗窃事件。每天早上，都有邻居报案，说小偷溜进了家门，偷了东西。

小偷不仅偷现金和珠宝，还偷吃的。这些偷盗的人无疑是惯犯，因为家里什么地方他们都能进去，开起门锁来也毫不费劲。

警察没能抓住小偷，村里的居民都人心惶惶。有人买保险锁，有人买警报系统，还有人买看门狗。

为了不吓到家里人，托叔默默去买了一把猎枪，睡觉的时候把枪放在床垫底下。一天早上，他跟邻居阿曼多说：

"昨天晚上我家里发生了一件怪事。我被一阵奇怪的声音吵醒，睁开眼睛，发现黑暗中一只手拿了我的钱包，从里面取钱出来。我睡觉的时候总把猎枪放在床底下，所以我就拿起枪，瞄准。不过，我没开枪。"

"为什么没开枪呢？"

"我可不想我的儿子们都成了没娘的孤儿。"

65. 在埃菲尔铁塔顶

托叔曾允诺儿子马诺洛，如果他考个好成绩，就带他去巴黎旅游。马诺洛满怀期待，于是拼命学习，最后考了很好的成绩。

托叔对儿子的成绩也是喜出望外，为了兑现自己的诺言，他立即就去了一家旅行社。旅行社给他提供了一次经济实惠的一家三口的旅游。

他们将乘坐巴士前往，在巴黎一家三星酒店住一周。托叔的老婆塞维利亚娜同样也很高兴，因为她一直梦想着去趟巴黎。托叔也同样期待这次重返巴黎的旅行，年轻时他曾在这法国的首都做过建筑工人。

乘坐巴士的旅途很舒适，他们在巴黎住的酒店也很不错。托叔兴高采烈，行李都没打开，就打车带着一家人去了埃菲尔铁塔。他们乘电梯到达了顶层，托叔就从那里往下指指点点，显摆自己对这座城市的了解：

"快看！下面多漂亮！这儿是塞纳河，那儿是新桥，再往那儿是巴黎圣母院。那边儿那个是凯旋门……下面好看的景色真不少啊！"

"既然下面的景点那么漂亮，"马诺洛有些不耐烦，不满地说道，"你们干嘛还把我带到这顶上来？"

66. 葬礼

托叔的一个邻居西皮利亚诺·布恩迪亚死了，在上庄的教堂里举行葬礼。村里的牧师，堂科兹莫，邀请死者的遗孀讲几句话，来纪念他。她站到了大家面前，说道：

"西皮利亚诺是个坏丈夫，坏父亲和坏人；一个自私鬼、色鬼和吝啬鬼。他让我们全家的日子都不好过，所有熟人他都背叛过和敲诈过。他脾气不好，性格更差劲，我唯一能说的就是，他走了全家人都拍手称快，这样我们就能过上平静的日子了。"

堂科斯梅听到这些话，面露不悦，说道：

"亲爱的教众：有人死了，我们通常会念着他的好，忘记他的不好。诚然，西皮利亚诺不是个好人，但是总该有好处吧。难道你们没一个人想起来说说他的好处吗？"

所有在场的人都面面相觑，没一个人站起来说话。堂科斯梅感到意外和不解。最后，托叔站了起来，说道：

"我想我有点西皮利亚诺的好处要讲讲：我认识他的一个兄弟，比他还差劲呢。"

67. 败家娘们儿

不外出工作的女人经济上依赖丈夫是很常见的事，因为后者是唯一支付家庭开销的人。

因此，这些女人就得管丈夫要钱，好采买物品，支付租金或者还房贷，给自己和子女买衣服等等。

有些女人不在乎在一些多余、不必要的东西上花很多钱。托叔的老婆塞维利亚娜整天跟在他后面要钱，这让托叔不胜其烦，但他却从不讲给别人听。他不是一个喜欢把私生活说给朋友听的人。他觉得，家事就应该局限在家里，把婚姻上的事满大街去讲不是男人该做的。

但是，有那么一天，他实在忍不住要把自己的问题讲给别人听，他对朋友巴尔塔萨尔讲道：

"我太不爽了，我老婆让我厌烦透顶！她一分钟都不让我安宁。她什么都看不顺眼，整天管我要钱。要钱，要更多的钱，这是她唯一想要的。"

"那她拿这么多钱去干嘛呢？"巴尔塔萨尔问道。

"不干嘛，因为我从来就不给她钱。"

68. 一切均有解决之道

托叔是个乐观的人，满脑子都是主意。他这辈子也经历过坎坷，不过他总是保持着好心态。

每每遇到问题，他老婆和儿女到家就说这是个无法解决的问题。托叔总是很冷静，说生活中的一切均有解决之道；对他来说，最重要的是要冷静，用脑子去分析：生活中的一切自有解决之道。

一个周六，托叔、塞维利亚娜和儿女们去了电影院。放映的是美国片，彩色的，男女演员们都很有名气。由于是周末，电影院里坐满了人，托叔和家人好不容易找到了不错的位置。

托叔一家前面一排的座位上坐着另外一家子，家长和孩子个子都很高。塞维利亚娜很气愤，因为她看不到荧幕了，说道：

"怎么？这也有解决之道吗？"

"有的，"托叔说道，他思考了一会儿，脱掉了鞋子。

果然，所有坐在周围的人都立即走掉了。

69. 左撇子

左撇子是指那些左手比右手做事灵活的人。在很多国家和文化当中，左手被认为是负面的、不好的。在西班牙，直到不久前，人们还认为左撇子是缺陷，所以严格教育孩子们吃饭和写字时不能用左手，必要的时候还会惩罚他们。

有一次，托叔跟朋友们茶聚，村政府的秘书挑起了左撇子这个话题，说道：

"真是可耻：现在的学校里，不仅允许，而且还鼓励孩子们当左撇子。"

"好吧，也没那么糟糕。"托叔回答道，"做事情不在乎用左手还是右手，关键是要做。而且，归根结底，我们都有点儿左撇子，有些事情我们用左手比右手灵光。"

"只有您是这样吧，"秘书挑衅道，"反正我的右手比左手干什么都好使。"

"那您试试用右手挠一下右肘，您就知道我说的没错了。"托叔最后说道。

70. 村长的演讲

那时候，托叔选上村长已经三年了。上庄正在庆祝主保圣人节，所有邻里邻居的都聚集在了大广场上。村里的乐团演奏着传统歌曲，大家边喝酒边跳舞，好不快活！

中午十二点整，托叔走到村政府大楼的阳台，身边陪着一些议员和嘉宾。音乐停止，托叔开始了他的演讲：

"有人想取消我们村里的节日，不过他们不会得逞的！"

广场上全是人，都开始鼓掌。

"你们能容忍那些人取消我们的主保圣人节吗？"托叔继续说道，"能容忍他们取消我们上庄的节日吗？"

所有人同时喊：

"不能！"

托叔继续如此这般演讲了一会儿，村里所有人的掌声越来越热烈。演讲结束，一位从城里来的嘉宾问道：

"村长先生，请问是谁要取消村里的节日呢？"

"据我所知，没有人。"托叔回答，"三年前我就发现，每回我提这件事，大家就疯狂地鼓掌，气氛也十分热烈。"

71. 小安帕萝要用电话

小安帕萝十八岁，是德拉罗萨两口子的女儿。德拉罗萨一家住在马德里郊区的一幢别墅里。安帕萝有三个兄弟（路易斯，劳伦索和安赫尔）和一个新任男朋友，叫恩里克。

一天下午，安帕萝从外面回来，然后就坐到了电话旁边。过了一会儿，有人打电话进来，找她的兄弟安赫尔。她回答说安赫尔不在家，稍晚些也不在。又过了几分钟，安帕萝的老妈走过来，要给她的一个朋友打电话。安帕萝阻止了她，说道：

"不好意思，你不能用这个电话。明天再用吧！"

路易斯和劳伦索也同样想打电话给女友，都被安帕萝坚决制止了。

再晚点儿的时候，老爸也回来了，他拿起电话要打给办公室。安帕萝跟前面所做的一样，试图阻止他用电话。老爸不肯，她就泪汪汪地对他说：

"什么事儿对你更重要，是你的生意呢还是你女儿的幸福？"

老爸有点儿搞不明白状况，于是挂了电话。最后，一家子人都聚集在了客厅。

电话终于响了。安帕萝拿起电话，又迅速地给挂断了，一脸满足，然后就往自己的房间走。

老妈好奇地问她：

"是谁打的电话啊？到底怎么了？"

"是恩里克，今天下午他表现很粗鲁。我就是想他给我打电话，然后挂断他的电话！"

72. 泄气的轮胎

堂尤斯塔基奥是上庄的医生，他中了大奖。国家彩票是一种公共博彩，从所出售的彩票里随机抽取一组号码，给予不同金额的奖励。

堂尤斯塔基奥去了马德里领奖，在那儿待了几天，享用一下所获得的几百上千万的奖金。回村子之前，他给自己买了一辆价值四万八千欧元的豪华轿车，好向熟人们炫耀一下。

快到上庄的时候，轿车的一个轮胎泄气了。他下了车，准备用车上带的备胎换下被扎破的轮胎。

托叔的表兄卢西亚诺从地里干活回来，肩上扛着一把锄头，看见了堂尤斯塔基奥，就问他在干什么。

"也没干什么，就是在卸这辆车的轮胎。"

卢西亚诺想都没想，用锄头猛砸了一下车窗，喊道：

"那我就拿走收录机好了！"

73. 剧院里的囚犯

伊达尔戈先生和儿子阿尔贝托被他夫人带到剧院观看一出戏的首演。伊达尔戈夫人是文化推广和社会融合协会的副主席，这个协会常组织些文化活动，来推广本地的人才、画展、音乐会、诗朗诵等等。

协会通常邀请学校里的学生、军队里的士兵和收容所的老人来参加这些社会文化活动。有那么一次，协会的夫人们特地获得了典狱长的许可，让一些囚犯来到剧场。

那天下午的戏目糟糕透顶。开场不久，阿尔贝托就低声跟老爸说：

"看看那群人，他们是监狱的囚犯，肯定是被弄来捧场的。"

"才不是这回事儿呢！"老爸说道，"他们是被带来受罚的，好让他们悔悟所犯的罪行，从此不敢再犯！"

74. 招魂仪式

托叔从来不信鬼魂这一套，但他的一个朋友却一再坚持带他去一个招魂仪式。

有些人相信，人死后，不仅能跟活着的人交流，还能弄些稀奇古怪的事情，比如挪动物体啦、制造些噪音啦，或者说话啦。

招魂仪式上，几个人聚集在一起，召唤往生的灵魂。参加者围坐在桌子周围，手拉着手，几分钟内大家都集中精神。其中的一个，通常是灵媒，召唤参与者中某个人死去的家人，问他在那边生活过得怎样，是否想给在场的家人捎个话。

托叔和朋友到了灵媒的家里，被领到一个黑乎乎的房间里。仪式开始，灵媒问托叔想跟谁说话。

"跟我爷爷吧！"托叔回答。

不一会儿，窗帘后面阴风阵阵，传来一个幽幽的声音：

"亲爱的小托，我是你爷爷，我在天堂……"

"你在天堂干什么呢？"托叔打断道，"你还没死呢！"

75. 神奇的按钮

跟很多西班牙人一样，托叔年轻的时候，也去了德国打工。德国的生活水平更高，工资也多，去那儿的西班牙人可以买到很多当时本国都没见过的东西。

小托第一次出国，他觉得一切都新鲜，文化也不同，还有好多让他吃惊和着迷的东西。

在德国待了一年后，小托回老家村子里度假，开着一辆大奔，好让他的朋友们艳羡一番。在酒吧里，他就开始讲一些在德国的经历：德国有巨大的工厂，成千上万的工人，公路宽敞，人们住在十分舒适的房子里。接着他就跟朋友们讲自己在德国头一天晚上的经历：

"我发誓那是让我最吃惊的一晚：我到了一家酒店，看到前台上有一个小按钮。我看那儿没人，就按了一下。铃声响了，一个妙龄少女就出现在我面前……"

此时，一个朋友叫阿贝拉尔多的，很不耐烦地打断了他：

"开什么大奔回来，你干嘛不把那个按钮带回来？！"

76. 搬家

堂莱奥波多总是想帮助别人。每回看到有人需要帮助，就会伸出援手。

一个星期天，堂莱奥波多出门去买报纸的时候，经过一个门廊时，看到三个人在尝试着挪动一个巨大的保险柜。看到他们后，身高力壮的堂莱奥波多走了过去，说道：

"先生们，早上好！你们需要我搭把手吗？"

"是的，如果您好心的话，就请帮一下忙。"其中一个男的说道。

堂莱奥波多开始拼尽全力推，可是保险柜纹丝不动。

十分钟后，大家都筋疲力尽，就停下来休息，恢复一下体力。堂莱奥波多就跟那些人说道：

"我觉得很难，看来我们要把这该死的柜子弄进去要费一番功夫。你们觉得呢？我们四个人合力都挪不动。我们得找更多人来帮忙。"

听到这话，其他摊在地上想要缓口气的三个人，腾地站了起来，同时喊道：

"把柜子弄进去？真见鬼！我们可是想要把柜子挪出来！"

77. 从楼梯上滚下去

有那么一段时期，托叔住在公寓楼里。有一天早上，吃完早饭，托叔准备好去上班，他九岁的儿子丹尼尔则准备好了去上学。

托叔的老婆塞维利亚娜递给他一袋子食物，递给儿子一个三明治。两人出了门，没几分钟，门铃不停地响。塞维利亚娜打开门，看见丹尼尔绝望地哭着，满脸通红。一进门，儿子就扑到了妈妈怀里。妈妈有点儿担心地问：

"你咋啦，我的儿？"

"老爸踩到香蕉皮滑了一跤，从楼梯上一直滚了下去。"

"我的儿，你都是个男子汉了，别老那么大惊小怪。这种事儿你就把它当笑话好了。看到有人踩到香蕉皮，人们一般都会发笑呢。"

"老妈，我就是这么做的啊！"

78. 诈骗

下午三点，一家豪华餐厅的老板接到一个电话。对方声称是警探，某个线人提供线索，说这家餐馆很快要被抢劫。警探安抚了老板的情绪，告诉他什么都别做，等劫匪来了，把所有的钱都给他。警察会在餐馆外埋伏着，逮捕劫匪。这样就避免了餐馆里的枪击，里面的人也不会有生命危险。

果然如此，半个小时后，一个戴着眼镜、皮肤黝黑的男子出现了，他悄悄走近柜台，给在那儿的老板示意兜里揣着手枪，让老板把所有的现金都给他。老板把钱给了他后，劫匪扬长而去。

这一切发生得太快，没有任何一位顾客发现。老板悄悄跟着劫匪，想看看警察怎么抓捕他。但是，劫匪拐了个弯，就不见了。老板焦急地追着，到了下一个拐角，没看见任何人。没有一个警察来抓劫匪。

老板惊呆了，回到了餐厅。几分钟后，他才回过神儿来，打电话给警察，报告了这起诈骗案。

79. 同屋的邻居

上庄过主保圣人节，托叔一整晚都在和朋友们一起喝酒。将近凌晨，他跟一个一起派对的朋友往家走，后者跟他同路。到了家门口，托叔跟同伴说：

"好了，老兄，我就这儿了，到家了！"

"我也到家了！"同伴回答。

"真巧呀！我们住同一栋楼呢！我要去三楼。"

"我也是呢！"同伴回答。

"老兄，你就别开玩笑了！"

"我没开玩笑，老兄！我也去三楼。"

从三楼电梯出来，托叔说道：

"好啦，我要告辞了，我住 3A。"

"我也是。"

"你玩笑开够了没有？！"托叔生气了，开始捶打同伴。

一位女邻居，听到吵架的声音，开了门，说道：

"这对父子真是醉得够呛！"

80. 裸体女友

小托跟村里的一个叫尹卡纳的女孩子约会。尹卡纳的父母和家人想要小托正儿八经地跟她订婚，并尽快确定婚期。

有一天，尹卡纳的母亲找到小托和小托的父母，让他们做个决定。小托同意跟尹卡纳订婚并确定婚期，不过，在这之前，他说想看看她的裸体。尹卡纳的母亲很生气，拂袖而去。然而，在接下来的几周里，他们一跟小托提起婚礼的事，后者就坚持要在结婚前看看女友的裸体。尹卡纳的父母思虑再三，做了让步，定好一天，让小托透过门缝，去亲眼看一下女友如同夏娃在天堂时候的样子，以此满足小托的愿望。

小托看了女友的裸体后，尹卡纳的家人走到他身边，问道：

"你现在看到她的裸体了，满意了吧？我们什么时候定下婚期呢？"

"不，我决定不和她结婚了。"小托回答道。

"为什么呢？难道你觉得她的身体不美吗？"

"当然不是了！她的身体确实很美丽，不过我不喜欢她的鼻子。"